철학의 태도

아즈마 히로키 지음
안천 옮김
박가분 해제

•

일러두기

1. 이 책은 출판사 북노마드의 기획으로 일본의 사상가 아즈마 히로키와의 대화를 담았다. 『일반의지 2.0』 『약한 연결』 등 아즈마 히로키의 저서를 한국어로 옮긴 연구자 안천이 인터뷰와 번역을 맡았다.

2. 이 책은 아즈마 히로키가 운영하는 일본의 출판사 겐론에서 일본판으로 출간될 예정이다.

3. 외국 인명, 지명, 작품명 및 독음은 외래어 표기법을 따르되 관용적인 표기를 따른 경우도 있다.

4. 국내에 소개된 작품명은 번역된 제목을 따랐고, 소개되지 않은 작품명은 우리말로 옮겼다.

5. 책 제목은 겹낫표(『 』), 시, 논문은 낫표(「 」), 신문과 잡지 등 매체는 겹꺾쇠(《 》), 미술작품, 영화, 텔레비전 프로그램, 곡명 등은 홑꺾쇠(〈 〉)로 묶었다.

철학의 태도

아즈마 히로키 지음
안천 옮김
박가분 해제

차례

대화를 시작하며

일본에서 각광받는 중견 철학자 아즈마 히로키를 그의 책 『일반의지 2.0』 『약한 연결』 등을 번역한 안천(도쿄대 총합문화연구과 박사과정 수료)이 만나 대화를 나누었다. 대화에서 아즈마는 실천은 하지 않고 말로만 주장하는 철학을 믿어서는 안 된다고 말한다.

아즈마는 그동안 말로만 무성했던 포스트모더니즘을 어떻게 실천할 것인지를 고민하는 것이 지금 우리 시대 철학의 의무라고 강조한다. 그가 『관광객의 철학』에서 '사상의 패배'라는 화두를 말한 것도 포스트모더니스트로 상징되는 이 시대 지식인들이 고작 데모라는 근대적 실천 양식에 만족하고 있음을 통렬히 비판한 것이었다.

실제로 아즈마는 명문대 교수를 벗어던지고, '겐론'이라는 출판사를 만들어 같은 이름의 비평지를 간행하고, 시간제한이 없는 <철학 토크 콘서트>를 운영하며 철학을 실천하고 있다. 그는 말한다. 포스트모더니스트들이 기자 회견, 서명, 데모 등 안전한 방식을 택하고 아무것도 실천하지 않을 때, 그들이 '하위문화'에 지나지 않다고 비판하는 운동가들은 해커 커뮤니티, 인터넷 크라우드 펀딩, 오타쿠 커뮤니티를 통해 묵묵히 실천하고 있다고.

우직할 정도로 포스트모더니즘의 실천을 모색하는 일본의 사상가 아즈마 히로키와의 대화가 경제 논리에 휘말려 제 역할을 하지 못하는 이 땅의 인문학에 작은 도전이 되리라 믿는다.

※ 2012년 6월, 『일반의지 2.0』 한국어판을 간행했을 때 연구자 안천은 「서브컬처 비평에서 '일반의지 2.0'까지–아즈마 히로키 사상의 안과 밖」이라는 제목으로 아즈마 히로키를 인터뷰한 적이 있었다. 그 내용의 한국어판은 국내에서 간행한 『일반의지 2.0』에 '저자 인터뷰'로 수록되었고, 일본어판은 《겐론(Genron etc.)》 4호에 게재되었다. 이번 대화는 그 후속편으로 『일반의지 2.0』 이후, 즉 2010년대에 아즈마 히로키가 걸어온 길을 한국 독자에게 전하는 의미를 담고 있다.

서브컬처 비평에서 '일반의지 2.0'까지
– 아즈마 히로키 사상의 안과 밖

:

2012년 7월 『일반의지 2.0』 한국어판 출간을 앞두고 옮긴이 안천이 저자 아즈마 히로키를 만났다. 이 대화는 2012년 6월 11일 오후에 아즈마 히로키가 대표를 맡고 있는 겐론사에서 진행되었다. 이후 이 대화는 『일반의지 2.0』(현실문화) 265~293쪽에 걸쳐 게재되었다. 대화 이후 적지 않은 시간이 흘렀지만, 아즈마 히로키의 생각의 경로를 이해하는 데 필수적이라고 여겨 다시 소개한다. 옮긴이 안천의 제안을 흔쾌히 허락해준 출판사 현실문화에 감사드린다.

편집자

:

언뜻 봤을 때 아즈마 히로키는 각기
전혀 다른 분야에 속하는 것처럼 보이는
저서들을 써왔다. 하지만 그가 펼쳐온
사유의 궤적에는 뚜렷한 일관성이
확인된다. 아즈마 히로키는 '근대와 탈근대'
'의식과 의식 외부'라는 큰 틀 속에서 여러
현상을 논해왔다. 이는 『일반의지 2.0』의
대전제이기도 하다. 그가 왜 이 문제에
꾸준히 관심을 가져왔는지를 묻는 것으로
인터뷰를 시작했다.

안천

1. 아즈마 히로키 사상의 전체상

안천 아즈마 씨는 지금까지 현대사회를 근대(모던)와 탈근대(포스트모던)가 공존하는 사회, 즉 각기 다른 특성을 가진 두 가지 원리가 각자 고유의 존재 이유를 가지고 공존하는 사회로 파악해왔습니다. 근대와 탈근대의 차이에 지속적으로 관심을 가져온 이유는 무엇입니까?

아즈마 일본은 서양의 근대사회 모델을 적용하기 힘든 사회이기 때문에 일본 사회를 사유할 때 근대를 기준으로 삼는 것에는 한계가 있습니다. 이 점을 전근대적 특성이 잔존하고 있다고 볼 것인지, 아니면 서양식 근대 모델이 한계에 다다랐을 때 일본이 순조롭게 탈근대사회로 이행했다고 볼 것인지는 저마다 입장이 다르리라 생각합니다. 하지만 어느 쪽이 되었든 '근대'와 '근대가 아닌 것' 사이의 상극 혹은 충돌이라는 관점 없이 일본 사회를 논하는 것은 사실 거의 불가능해 보입니다. 이 때문에 근대와 탈근대에 관심을 가져왔습니다. 예를 들어 문학의 경우, 근대문학이라는 틀로는 일본 문학의 극히 일부만 논할 수 있습니다. 실제로 일본에서 읽히고 있는 문학 전체라는 틀에서 생각했을 때, 사소설로 대표되는 순문학 혹은 근대문학은 극히 일부에 불과합니다. 따라서 일본에서 문학 전체를 조망하기 위해서는 근대문학 외의 관점을 도입할 수밖에 없습니다. 예컨대 라이트노벨은 전근대적인 전통과 근대 이후의 미디어믹스 문화, 달리 말해 전근대와 탈근대가 결합한 형태로 등장했습니다. 근대를 우회해서 탄생한 문학의 형태가 라이트노벨일 것입니다. 일본에 살고 있으면 자연스럽게 이러한 문제의식을 갖게 됩니다.

안천 　　아즈마 씨는 현대사상, 서브컬처, 정보환경의 변화 등 포스트모던적인 현상이 두드러진 영역에 주의를 기울여왔습니다. 그뿐만 아니라 이러한 현상들을 언어화하고 가시화하는 이론적인 얼개를 구축하는 데에도 힘을 쏟아왔습니다. '존재론적 탈구축과 우편적 탈구축'의 구분(『존재론적, 우편적』), 서브컬처 분야에서 일어난 '상상력의 환경'의 변화를 이론화한 작업(『동물화하는 포스트모던』『게임적 리얼리즘의 탄생』), 근대의 '규율 훈련형 권력'과 전혀 다른 작동원리를 지닌 '환경 관리형 권력'의 개념화(『정보자유론』) 등을 그 성과로 꼽을 수 있을 것입니다.
근대는 인간 의식의 재귀적인 자기 구성과 자기 수정 능력에 대한 신뢰를 바탕으로 하고 있습니다. 반면에 아즈마 씨는 포스트모던을 형상화하면서 '의식의 외부'에서 구동하는 여러 환경에 의해 의식이 강하게 제약받고 있는 현실에 초점을 맞춰, 이들 제반 환경의 작동원리를 밝혀내려고 했습니다. 아즈마 씨의 의식을 '의식의 자기 성찰'보다 '의식 외부의 환경'으로 향하게 하는 동인은 무엇입니까?

아즈마 제게는 세상이 그렇게 보이기 때문입니다.

이 세상이 실제로 근대적인 주체성 혹은 재귀적인 자의식을 지닌 사람들에 의해 구성되어 있느냐고 묻는다면, 제 생각에는 전혀 그렇지 않습니다. 오히려 저는 사람들이 의식 외부를 주목하지 않는 이유를 잘 모르겠습니다. 소위 현대사상, 즉 20세기 후반의 프랑스 사상가들은 근대문학의 극한이나 근대적 주체의 극한이라는 주제를 선호해서 "근대적 주체가 한계에 도달했을 때 '주체의 외부'가 현현(顯現)한다"는 유형의 논의를 펼쳐왔습니다. 하지만 제가 보기에, 아니 보다 일반적인 관점에서 봤을 때 '주체 외부'가 먼저 존재합니다. '공 모양의 자의식•'을 문제시하고 있지만, 따지고 보면 자의식 자체가 공 모양이 아닐뿐더러 '공 모양의 자의식'에 갇혀 있다고 느끼는 사람도

•

'自意識の球体'를 '공 모양의 자의식'이라고 번역했다. 일본 문예비평의 아버지라 불리는 고바야시 히데오(小林秀雄)의 말로 '자의식이 자의식을 대상화하는 운동은 결코 자의식 바깥으로 나갈 수 없다'는 문제를 지적할 때 쓰인다. 자의식의 운동 자체는 끝없이 계속되지만, 그 운동의 궤적은 닫혀 있다는 것을 강조하기 위한 비유다.

많지 않습니다. 이 때문에 저는 철학이나 문학 분야의 문제 설정 자체가 전도되어 있다고 느껴왔습니다. 의식에서 출발해서 '의식 외부'로 향하는 논리 구성 자체가 전도되어 있는 것입니다. 오히려 우리는 의식 외부에서 시작해야 합니다. 동물성, (일종의) 기계적 제어, 물질로서의 신체 등에서부터 시작해야 합니다. 예를 들어 하이데거는 근대철학을 비판하기 위해서 '기분'이라는 개념을 상당히 추상적으로 사용하고 있지만, 이 또한 즉물적으로 이해할 필요가 있습니다. 인간의 기분은 '건강하다/아프다'와 같은 신체적인 차원에서 결정되는 경우가 많습니다. 그것은 신체에서 발생한 문제이지 '존재의 목소리' 차원의 문제가 아니기 때문입니다. 철학은 대체로 '의식의 외부'를 유난히 신비화했지만 이를 즉물적으로 재구성할 필요가 있는 것입니다.

또 하나의 이유로 경제와 산업 분야에서 일어난 패러다임의 변화를 들 수 있습니다. 할리우드 영화를 보는 경험은 멀티플렉스의 넓은 좌석에

앉아 코카콜라를 마시는 신체적 환경과 불가분의 관계를 맺고 있습니다. 현재 문화 산업은 신체를 포함한 종합적인 엔터테인먼트를 지향하고 있습니다. 달리 말하면 신체를 비롯한 '의식 외부'를 즉물적으로 조절하고 관리함으로써 영향력을 확대하고 있는 것으로 보입니다. 철학 분야의 '의식의 외부' 문제와 산업 경제 분야의 '의식의 외부' 문제가 교차하는 곳에 제가 가진 문제의식의 출발점이 있습니다.

다른 각도에서 보면, 저의 친척 가운데 지식인층이 없다는 것이 큰 원인일지도 모릅니다. '공 모양의 자의식' 같은 이야기는 제 부모에게 통하지 않습니다. 하지만 실은 이것이 일반 대중의 감각입니다. '공 모양의 자의식' 때문에 심각하게 고민하는 사람은 소수의 지식인층으로 평범한 사람들은 먹고사는 문제 같은, 보다 동물적인 욕구와 관련된 문제 때문에 고민합니다. 저는 기본적으로 지식인층이 아닌 일반 대중을 향해 글을 쓰고 있습니다.

안천 　다방면에 걸친 아즈마 씨의 저서 가운데 서브컬처 비평서인 『동물화하는 포스트모던』과 『게임적 리얼리즘의 탄생』, 그리고 소설 『퀀텀 패밀리즈』가 한국에 소개되었습니다. 번역서가 나오기까지 다양한 변수가 작용하기 때문에 단순하게 말할 수는 없겠지만, 이런 정황으로 유추해보건대, 아즈마 씨는 한국에서 서브컬처 비평가로 널리 알려져 있다고 할 수 있습니다. 그래서 서브컬처에 관해서 질문을 하고 싶습니다. 아즈마 씨는 10여 년 전에 가라타니 고진을 중심으로 한《비평공간》과 결별하고 서브컬처 비평가의 길을 걷는 대모험을 감행했습니다. 그런데 2010년대에 들어와, 특히 동일본 대지진 이후에 "이제 서브컬처 비평은 하지 않겠다"고 선언했습니다. 어째서 그러한 결단을 내리게 되었는지 서브컬처 분야 자체의 변화, 그리고 아즈마 히로키의 사상에서 서브컬처의 위상 변화, 이 두 가지 측면에서 이야기해주셨으면 합니다.

아즈마 　지진 후를 기점으로 '서브컬처 비평은 하지

않겠다'고 결단을 내린 것은 아닙니다. 어쩌다 보니 지진 이전부터 서브컬처 비평을 하지 않게 되었습니다.

일본의 평론계에 몸담고 있으면서 2000년대 전반에 느꼈던 가장 큰 문제는 쉽게 말해 세대교체가 이루어지지 않고 있다는 점이었습니다. 1950~1960년대 출생의 논객들이 오랫동안 젊은 층을 대표하는 세대로 눌러앉아 있었고, 제 또래의 세대는 거의 활동하지 않고 있었습니다. 이때 서브컬처 비평이 가치를 전도하는 수단으로 기능했습니다. 그런데 지진 이전인 2000년대 후반에 상황이 변하기 시작했습니다. 제 또래 세대 혹은 그 아랫세대가 등장하면서 2010년을 전후해 일본 평론계의 세대교체가 이루어졌고, 그 결과 저는 오히려 윗세대가 되고 말았습니다. 이전까지는 계속 신인으로 취급되었는데 지금은 중견이 되고 말았습니다.

이런 변화 속에서 가치 전도를 목적으로 한 서브컬처론, 그러니까 젊은 문화론은 이제

제가 하지 않아도 되겠다는 생각이 들었습니다. 서브컬처론의 가치를 부정하는 것이 아니라 더 이상 제 역할이 아니라는 뜻입니다. 물론 일본 서브컬처 자체에 대한 저의 입장은 크게 바뀌지 않았습니다. 옛날부터, 그리고 지금도 역시 '이 나라에서 이론적으로 가장 흥미로운 대상은 서양에서 유입된 고급문화가 아니라 야생의 서브컬처에서 탄생한다'는 인식에는 변함이 없습니다.

다만 그런 참신한 서브컬처의 발견은 새로운 세대만이 할 수 있는 작업이기 때문에 연령 면에서도 저는 그런 작업을 하는 게 점점 어려워지고 있습니다. 앞으로 제가 해야 할 일은 '가치 전도'가 아니라 오히려 '가치 설정'이라고 생각합니다. 애니메이션, 게임, 인터넷 등이 만연한 일본 사회에서 새로운 가치관을 어떻게 만들 것인가, 이쪽으로 방향을 틀어야 하기 때문에 서브컬처와 관련된 활동은 상대적으로 줄어들 것이라고 생각합니다.

2. 『일반의지 2.0』에 이르기까지

안천　　　한국에서 아즈마 씨는 현대사상을 논하는 철학자, 서브컬처 비평가, 그리고 소설가로 알려져 있기 때문에 '정치사상'을 주제로 한 『일반의지 2.0』의 간행은 의외의 일로 받아들여질 수도 있을 것 같습니다. 정치사상을 직접 논하게 된 경위를 알려주셨으면 합니다.

아즈마　　　원래 저는 철학을 해왔기 때문에 제 곁에는 항상 정치사상이 자리하고 있었습니다. 한국은 그렇지 않을 수도 있겠지만, 일본에서 정치를 논하는 것은 매우 따분한 일입니다. 특히 1990년대 이후 정치는 지적인 고찰과는 어울리지 않는 분야로 여겨져 왔습니다. 이 때문에 저는 정치를 가까이하지 않으려 했고, 일본 정치에 대해 가지고 있는 이러한 생각은 지금도 바뀌지 않았습니다. 정세 분석이나 정치인 개인의 가십 등에는 그다지 흥미를 느끼지 않습니다. 그런

점에서 『일반의지 2.0』을 통해 정치로 전환했다는
의식은 사실 없다고 할 수 있습니다. 이 책은
정치적인 제안만 담고 있는 것이 아닙니다.
서브컬처 비평으로 수용되었던 『동물화하는
포스트모던』에 담긴 문제의식, 그러니까 '인간과
사회의 관계가 어떻게 바뀌어야 하는가'를 둘러싼
문제들을 서브컬처적인 문맥에서 분리시켜 더
추상적인 형태로 논한 측면도 상당히 강합니다.
어쩌면 이 책을 『동물화하는 포스트모던』의
속편으로 보는 것이 나을지도 모릅니다.
또한 제 또래의 세대는 제일 먼저 인터넷을 접한
세대이기도 합니다. 저 역시 홈페이지, 블로그,
트위터 등을 운영하고 또 이용하면서 엔지니어나
IT기업 경영자들과 활발히 교류하게 되었습니다.
그 과정에서 새로운 정보환경이 가져오고 있는
현실의 변화에 발맞춰 '사회사상이 할 수 있는
일은 무엇인가'에 대해서 고민하게 되었습니다.
엔지니어나 경영자도 자신들이 막연하게 가지고
있는 세계관을 언어로 설명해주고 비전을
만들어주는 사람을 원하고 있음을 느꼈습니다.

이 책은 그러한 상황에서 제 나름의 역할을 하고 싶다는 마음을 담아 쓴 책이기도 합니다.

안천　　아즈마 씨가 해석한 루소, 설명을 덧붙이자면 "의사소통은 헤아릴 수 없이 많은 다양한 의견을 몇 가지 대립축으로 환원해버리기 때문에 오히려 다양성을 억압하고 만다. 소통 없는 의견의 집약이 가능해지면 원래의 다양성을 훼손하지 않으면서 인민의 일반의지를 파악할 수 있게 된다. 그리고 이는 '집단지성'의 원리에 비추어볼 때, 의사소통을 경유해서 단순화를 거친 판단에 비해 보다 정확한 판단을 이끌어낼 것이다"라고 '일반의지'를 재해석한 부분이 특히 신선합니다. 이 해석은 누구나 한 번쯤은 느꼈을 대의제 민주주의의 한계를 정확하게 꼬집고 있다고 생각합니다. 다양한 사상가와 현상을 이야기하고 있음에도 불구하고 굳이 『일반의지 2.0』을 이 책의 제목으로 선택한 것은 아즈마 씨가 루소의 '일반의지'라는 개념에 큰 매력을 느꼈기 때문일 것입니다. 루소에게 관심을 갖게 된 계기는 무엇입니까? 참고로 한국어판 『일반의지 2.0』은 루소 탄생 300주년을 기념해서 루소가 태어난 6월 28일에 출간될 예정입니다.

아즈마 루소에 관심을 갖게 된 계기는 기억이 나질 않습니다. 분명한 것은 예전부터 루소를 읽었던 것은 아니라는 사실입니다. 루소를 제대로 읽기 시작한 것은 2000년대 후반, 아마도 2006~2007년쯤으로 기억합니다. 그런데 어째서 루소를 선택했는지는 생각이 나지 않습니다. 어쨌든 이 책에서 인용한 '의사소통 없는……'이라는 구절을 발견했을 때, 제 안에서 별개로 존재하고 있던 여러 가지 것들이 한순간에 전부 이어지는 느낌을 받았습니다.
그 후 일본어 전집을 구입해 읽어가면서, 단순히 '사상가'로서의 루소가 아니라 '인간'으로서의 루소의 전체상을 이해할 수 있게 되었습니다. 루소의 정치사상을 이해했다기보다는 전기적 사실도 포함해 '루소라는 인간'을 알게 되었다는 느낌을 받았습니다. 그때부터 집중적으로 읽기 시작했습니다. 따라서 『사회계약론』의 그 구절을 읽은 것이 루소를 논하게 된 계기라 할 수 있습니다. 하지만 그때 제가 왜 『사회계약론』을 읽고 있었는지는 기억이 나지 않습니다. 신기한 일이지요.

안천 일본어판 서문에서는 이 책을 구상하게 된 '일본 사회 고유의 맥락'을 특히 강조하고 있습니다. 하지만 『일반의지 2.0』의 내용 자체는 자본주의가 성숙한 민주주의 사회라면 어느 사회나 공유하고 있을 문제를 다루고 있다는 일정한 보편성을 가집니다. 모처럼 한국어판이 간행되므로 이런 과격한 제안을 하게 된 '선진 자본주의 사회의 공통된 맥락'을 알기 쉽게 이야기해주셨으면 합니다.

아즈마 우선 현대사회가 매우 복잡해졌다는 사실을 꼽을 수 있습니다. 헤겔이 생각했던 절대정신으로서의 국가는 더 이상 사회 전체를 아우르기 힘듭니다. 달리 말해 복잡성이 증대해서 대의제 민주주의가 제대로 기능하지 않게 되었습니다.
또 하나, 일정 수준의 인권 의식이 선진 자본주의 사회에 자리 잡았다는 점도 중요합니다. 여기에는 '인간을 사람으로 취급할 것이냐, 물건으로 취급할 것이냐'라는 어려운 문제가 놓여 있습니다. 사람으로 취급한다는 것은 한 사람 한 사람을 주체로 받아들여 최선을 다해 대화하는 것을 말합니다. 한편 물건으로 취급한다는 것은 통계의 숫자로, 노동력으로 취급한다는 것을 뜻합니다. 근대적인 인권 의식이 충분히 침투하지 않은 사회에서 인간은 대부분 물건 취급을 받아야 했고, 지금도 그런 지역이 존재합니다. 그와 같은 사회에서는 인간을 사람으로 취급하는 것이 매우 중요한 의미를 지닙니다. 그러나 인권 의식이 일반화된 사회에서는 한 사람 한 사람이 인격으로 존중받는다는 전제하에, 인간의 사물적인 측면을 통계적으로 취급하는 시점도 도입할 필요가 있습니다.
『일반의지 2.0』의 제안은 '지금까지 우리는

유권자를 오로지 고유의 주체로 다루어왔지만, 오히려 유권자의 의지를 사물처럼 다루고 수학적으로 취급하는 방식도 추가로 고려해보자'는 것입니다. 그러므로 근대적인 인권 의식이 사회에 스며든 정도에 따라, 이 제안은 전혀 다른 의미를 지니게 됩니다. 저는 충분히 민주화된 사회, 그러니까 충분히 인권 의식이 침투했고 충분히 다양성이 확보된 사회에서만 일반의지 2.0이 기능한다고 생각합니다. 그렇지 않다면 일반의지 2.0은 단순히 전체주의를 긍정하는 이론이 되고 맙니다.

3. 『일반의지 2.0』의 내용

안천 사회가 복잡해질수록 니클라스 루만이 말한 '복잡성의 감축'도 불가피하게 커질 수밖에 없습니다. 지금까지 정치의 영역에서는 토론과 다수결의 원칙에 따른 대의제 민주주의가 이 감축의 역할을 해왔습니다만, 복잡화에 가속도가 붙은 현대사회에서는 지금까지와는 다른 새로운 감축 방법을 고민해야 합니다. 그렇지 않으면 사물과 정보가 증가해 상호작용의 그물망이 촘촘해지고 있는 현실에 적절히 대응하지 못해서 정치가 제대로 기능하지 못하는 상황에 처할 수도 있습니다. 이런 종류의 위기의식이 이 책의 밑바탕에 깔려 있습니다. 이것은 일본 사회에서 일정 정도 공유되고 있는 위기의식입니까?

아즈마 일본에서 표면적으로나마 양당제가 자리 잡은 이후, 2009년에 민주당이 자민당을 이기고 54년 만에 정권 교체가 이루어졌습니다. 2009년 가을에만 해도 사람들은 정치제도를 어느 정도 신뢰하고 있었습니다. 정권 교체가 이루어지면 정치도 바뀔 것이라고 기대하고 있었던 것입니다. 그러나 실제로는 아무것도 바뀌지 않았습니다. 다른 나라의 상황은 잘 모르겠습니다. 하지만 적어도 일본에서는 '자민당은 이렇지만 민주당은 저렇다'라는 차원이 아닌, 현재의 정치제도 자체에 대한 불신감이 극도로 높아지고 있습니다.

'의회제에 문제가 있는 것은 아닐까? 선거라는 방식 자체에 문제가 있는 것은 아닐까?'라는 의문이 생겨날 정도로 보다 근본적인 차원에서 불신감이 높아지고 있는 것입니다.

안천 그런 위기의식 속에서 출간된 이 책에 대한 일본 사회의 반응은 어떻습니까?

아즈마 3만 부 이상이 읽혔고 호의적인 서평도 많았습니다. 그뿐만 아니라 '일반의지'라는 말의 인지도도 높아졌고, 저의 책을 읽은 적이 없는 사람들도 이 책에 많은 관심을 보였습니다. 그런 의미에서는 성공했다고 할 수 있겠지만, 책이 나온 지 6개월이 막 지났기 때문에 앞으로 어떤 형태로 읽히게 될지는 아직 잘 모르겠습니다. 일본의 민주당은 '숙의(熟議)'를 주요 모토로 내걸었습니다. 이 책은 "숙의에는 한계가 있으므로 데이터베이스로 보완해야 한다"는 주장을 담고 있기 때문에 민주당의 강령에 직접적으로 저항하고 있는 책이기도 합니다.

아마 이러한 점은 한국 독자들에게는 잘 보이지 않는 맥락이라고 생각합니다. 그런 의미에서 이 책은 구체적인 정치적 문맥과도 얽혀 있습니다. '숙의'라는 말이 일반화된 것은 민주당 집권 이후로, 이전에는 전문가만 쓰던 전문용어였습니다. 지금도 민주당은 숙의를 내걸고 있지만 사실상 숙의는 실패한 상태입니다.

안천 한국에서는 '숙의'라는 말이 거의 사용되지 않기 때문에 숙의에 대한 설명을 한국어판에 따로 덧붙일 필요가 있었습니다.

아즈마 숙의라는 말이 쓰이게 된 경위는 다음과 같습니다. 민주당에는 스즈키 간(鈴木貫)이라는 관료 출신 참의원이 있습니다. 그는 대학에서 강의도 맡고 있어서 숙의 민주주의에 대해 연구를 했습니다. 민주당 정권이 탄생한 후, 간 나오토(菅直人) 전 총리가 스즈키 의원의 연구 내용을 접했고 그 후 이 말을 채택한 것으로 알려져 있습니다. 얼마 전 스즈키 의원과 만날 기회가 있었는데, 여기저기 밑줄을 치면서 이 책을 읽고 있었습니다. 그와는 별도로 자리를 마련해서 의견을 교환하기로 했습니다. 이런 식의 반응도 있습니다.

안천 이 책에서는 모든 사람들의 생활 이력을 집약한 데이터베이스를 적절하게 분석하여 '사회의 집합적 무의식'을 가시화하는 과정이 지니는 의의를 논하기 위해서 프로이트의 정신분석학을 도입하고 있습니다. 집합적 무의식을 언급할 때는 일반적으로 프로이트보다 융이 논거로 쓰이는 경향이 있는데, 아즈마 씨는 『존재론적, 우편적』을 발표했을 때부터 이미 프로이트를 높게 평가해왔습니다. 특별한 이유가 있는지 묻고 싶습니다.

아즈마 제 학문적 원점이기도 한 현대사상 분야에서 융은 오컬트나 뉴에이지에 가까우며, '프로이트의 학문을 왜곡시킨 인간'이라는 인식이 지배적입니다. 저 역시 융을 긍정적으로 평가하는 것에는 위화감을 느낍니다. 하지만 현재의 상황에서 융을 재평가하는 작업이 어쩌면 가능할 수도 있겠다는 생각도 듭니다.
다만 지금 말한 것처럼 일본에서 융이라고 하면 뉴에이지라는 이미지가 강합니다. 만약 이 책에서 프로이트가 아닌 융을 언급했다면 훨씬 이해하기 쉬운 내용이 되었겠지만, 많은 오해를 불러일으킬 수도 있었을 것입니다. 융을 논거로 삼으면, 인터넷을 경유해서 모든 사람의 마음과 뇌가 직접 연결되는 이미지가 되기 십상입니다. 이 점을 염두에 두면, 융을 참조하지 않은 것이 옳았다는 생각이 듭니다. 프로이트는 개인주의자이기 때문에 '인간들은 각자 뿔뿔이 흩어진 객체이지만, 흩어진 개개인이 뱉어낸 데이터를 끌어 모으면 데이터 차원에서만 집합적 무의식이 출현한다'는 이 책이 제시한 이미지와 부합합니다.

4. 가라타니 고진에 대해서

안천 한국의 독자에게 익숙한 가라타니 고진과 아즈마 씨의 공통점 혹은 차이점을 명확히 해두면 한국 독자들이 아즈마 씨의 사유를 이해하는 데 도움이 될 것 같습니다. 그래서 가라타니에 관한 질문을 두 가지 준비했습니다.
가라타니는 1990년대 후반에 대의제 민주주의를 비판하면서 '제비뽑기'를 제안한 적이 있습니다(『일본 정신의 기원』). 여기서는 불투명성과 우연성을 제도 안에 도입해 예정 조화적인 사고 형태의 부정적인 측면을 극복하려는 의도가 담겨 있었습니다. 『일반의지 2.0』은 '무의식의 가시화, 의사 결정의 투명화'를 지향한다는 점에서 가라타니의 제안과 대비됩니다. 한편 '이성(혹은 의식)의 외부'를 정치적 의사 결정 과정에 도입하려는 시도라는 점에서는 유사한 측면도 있습니다. 『일반의지 2.0』의 관점에서 봤을 때 가라타니의 '제비뽑기'는 어떻게 비칩니까?

아즈마 가라타니의 주장을 요약하면 "숙의의 원리에 따라 토론을 거친 후에 '이것이 모두의 통일된 견해다'라고 말해봤자 그것은 허구에 불과하며 얼마든지 뒤집히기 때문에, 오히려 자기 바깥에 있는 존재를 인정하는 데에서부터 출발하라"라고 정리할 수 있을 것입니다. 인간이 "서로 대화를 거듭해서 어떤 합의에 이른다"는 믿음은 일종의 허구로, 실제로는 그 외부가 없다면 대화는 한없이 계속됩니다. 제비뽑기의 우연성이 본질이라기보다는 '숙의의 외부'를 제안하고 있다고 보아야 할 것입니다.
하지만 바깥을 어떻게 파악하고 있는가라는 지점에서 입장이 갈립니다. 저는 가라타니가 너무 낭만적이라고 생각합니다. 제비뽑기는 아주 알기 쉬운 외부인 데 반해, 제가 제안하는 데이터베이스는 '외부인 척한다'고 해야 할까요? 달리 말해 가라타니의 제비뽑기는 일종의 부정 신학이라고 생각합니다. 이에 대해서는 '외부에 대한 입장이 다르다'라고밖에 표현할 방법이 없습니다.

안천 '외부'의 문제는 마침 두 번째 질문과 깊은 관련이 있습니다. 아즈마 씨는 전부터 가라타니가 논해온 '타자'나 다카하시 데쓰야(高橋哲哉)가 옹호해온 '타자'에 대해서 비판적인 태도를 취해왔습니다. 그리고 『일반의지 2.0』에서는 리처드 로티의 아이러니컬 리버럴리즘(ironical liberalism)을 지지하고 있습니다. 아즈마-로티의 타자관과, 가라타니-다카하시의 타자관은 어떻게 다릅니까?

아즈마 가라타니나 다카하시의 타자는 궁극적으로 신이라고 생각합니다. 저와 로티의 타자는 동물이라고 할까, 가까이에 있는 애완동물 같은 것입니다. 예를 들면 "애완견은 타자인가?"라고 물었을 때, 가라타니나 다카하시는 애완견을 타자로 보지는 않을 것입니다. 하지만 로티는 애완견이야말로 타자라고 생각할 것입니다. 어떤 면에서 봤을 때 이는 사람을 동물로 취급하는 철학이기도 합니다. 로티는 "눈앞에 있는 인간이 고통스러워하거나 아파하면 사람은 손을 내밀고 만다. 모든 것은 여기에서 시작된다"라고 주장하지만, 가라타니나 다카하시는 이러한 감각을 '타자와의 직면'이라고 생각하지 않을 것입니다.

그들에게 타자는 이런 공감으로는 결코 도달할 수 없는 절대적인 것으로, 종교적인 개념에 가깝습니다. 종교적인 개념은 그 자체로 존중되어야 하지만, 사회를 구성하는 원리로 삼기에는 적절하지 않습니다. 적절하지 않을 뿐만 아니라 초월적인 타자를 강조한 나머지 눈앞에 있는 인간에 대한 공감이나 동정을 파괴할 가능성마저 있습니다. 따라서 저는 로티 쪽을 지지합니다.

안천 그런 의미에서 가라타니가 말하는 외부는 낭만적이라는 것입니까?

아즈마　　　그렇습니다. 타자란 애써 따로 발견하려고 하지 않아도 여기저기에 있는 존재입니다. 엄밀히 말하면《비평공간》도 처음에는 철학의 신학화에 저항하고, 이와 같은 '작은 타자'에 대한 감성을 중시하는 그룹이었습니다. 하지만《비평공간》이라는 좁은 범주 안에서 논의를 거듭하는 과정에서 어느새 신학적인 논의에 가까워졌습니다. 제 생각으로는 그렇습니다.

5. '대의제 민주주의'와 '집합적 무의식'의 상호 보완

안천　　　『일반의지 2.0』에 따르면 다양성이 충분히 확보되었을 때 일반의지 2.0의 정확성은 신뢰할 만한 것이 됩니다. 하지만 집합적 무의식이 다양성을 배제하는 쪽으로 향할 위험성, 주류적 사고의 우위성을 증폭시키는 회로로 기능할 가능성도 있지 않을까요? 이것은 결과적으로 일반의지 2.0의 신뢰성을 손상시키는 것이기도 합니다. '다양성의 보장'과 '집합적 무의식'은 양립 가능한 것입니까?

아즈마 다양성은 개별성의 원리에 속하고, 집합은 통계의 원리에 속합니다. 따라서 어떤 현상을 집합으로 파악하는 순간, 개별적으로 보고 있었을 때의 다양성이 사라지는 것은 당연하다고 할 수 있습니다. 인간이 아무리 다양한 존재라고 하더라도, 예컨대 신장이라는 기준으로 보면 정규분포에 따라 존재할 뿐이며, 여기에 다양성은 존재하지 않습니다. 어느 시대에도 정규분포는 동일한 선을 그립니다. 전혀 다양하지 않지요. 하지만 한 사람 한 사람에 초점을 맞추면 다양한 키 차이가 보이게 됩니다. 이러한 의미에서 '같은 현실에 대해 다른 시점을 도입해보자'는 시도이며, 데이터베이스와 숙의는 서로 배제하는 관계가 아니라 상호 보완적인 관계를 맺는 것입니다.

일반의지 2.0을 도입하면 다양성이 줄어들지도 모릅니다. 통계 데이터를 뽑아내는 것이기 때문에 당연히 그렇게 될 수밖에 없습니다. 하지만 '통계 데이터가 이렇다'는 것과 '정책 결정을 할 때 어느 것이 옳은가'는 전혀 다른 문제입니다. 제가 주장하고 있는 것은 어디까지나 '통계 데이터를 보면 전체적으로 이런 경향이 나타나고 있다'는 정보를 보면서 전문가들이 숙의할 필요가 있다는 것입니다. 옳고 그름은 숙의가 결정합니다.

이 또한 한국 등 일본 이외의 나라에서는 이해가 쉽지 않을지도 모릅니다. 지금 일본에서는 사람들이 과도하게 숙의하는 것이 문제입니다. 일반적으로 숙의나 대화는 긍정적인 이미지를 갖고 있는 반면, 담합은 부정적인 이미지를 갖고 있습니다. 그런데 실은 좁은 밀실 안에서 소수의 사람들이 결정을 내린다는 점에서 숙의와 담합은 닮아 있습니다. 일본에는 이런 유형의 '숙의'가 넘쳐납니다. 폐쇄적인 '숙의'를 에워싸고 있는 벽을 무너뜨리기 위해서는 대중이 목소리를 끌어들일 필요가 있으며, 대중의 목소리를 추출해내려면 기계적인 처리를 거칠 수밖에 없습니다. 기계적인 처리를 거치면 대중의 목소리는 평면적인 것이 됩니다. 한 사람 한 사람의 목소리는 사라지지만 그나마 이런 회로가 전혀 없는 상태로 좁은 숙의가 계속되는 것보다는 낫지 않겠는가, 이것이 저의 취지입니다. 결코 '대중의 무의식에 따르라'고 주장하는 것이 아닙니다.

이 점은 이 책이 일본에서 이야기될 때 몇 번이나 문제가 된 부분이기 때문에 이번 기회에 미리 설명하고 싶습니다. 『일반의지 2.0』은 '대중의 무의식에 따르라'는 책이 아닙니다. 오히려 '가시화된 대중의 무의식에 숙의는 앞으로 어떻게 대처해야 하는가'를 논한 책입니다. 이제까지와 다름없이 마치 대중의 무의식이 존재하지 않는 것처럼 행세하고, 전문가의 숙의에만 정치를 맡겨서는 안 됩니다. 정치인이나 전문가만 밀실에 모여서 정치적인 문제를 결정해서는 안 된다는 말입니다. 선거철에만 대중이 정치에 참여하는 시대는 이미 과거의 것이 되고 있습니다. 소셜 미디어가 보급되어 사람들의 반응이 항상 인터넷을 떠다니는 시대가 되었습니다. '이런 새로운 상황을 감안해서 정치를 재구성할 필요가 있다'는 것이 이 책의 주장이지, '대중의 의지에 따르라'는 것이 아닙니다. 이것은 '블로고스(BLOGOS)'라는 언론 사이트에 게재된 인터뷰에서도 말한 적이 있습니다.
현재 일본에서 가장 주목받는 정치인은 오사카 시의 하시모토 시장입니다. 그는 포퓰리즘적인 언사를 동원해서 인기를 끌었고, 지금은 강한 영향력을 갖게 되었습니다. 하시모토가 내건 정책 중에는 부분적으로 제가 지지하는 내용도 있지만, 반대하는 내용도 있습니다. 일반의지 2.0은 이러한 포퓰리스트의 전제적 성향을 억제하는 장치로도 가능합니다. 포퓰리스트가 강력한 권력을 행사하게 되는 까닭은 결국 선거의 기회가 적기 때문입니다. 4년에 한 번 선거가 이루어지고 그때만 반짝 지지를 얻으면, 그 후 4년 동안은 거의 독재와 다름없는 상태가 될 수도 있습니다. 하지만 일반의지 2.0이 기능하게 된다면 항상 대중의 욕망이 가시화됨으로써 포퓰리즘이라는 현상은 사라지게 될 것입니다. 이 책의 구상은 '대중주의 대 선량주의'라는 단순한 대립구도에서 벗어나 있습니다.

안천 많은 희생을 치른 후 민주주의를 쟁취한 경험이 있는 한국 사회에서 '민주주의'라는 말은 독특한 가치를 가지고 있습니다. 역사적으로 민주화와 사회의 대전환이 동시적으로 진행되었기 때문에 '민주주의가 사회의 여러 문제를 해결해줄 것이다'라는 식의 과도한 기대를 품는 경향도 없지 않습니다. 하지만 민주주의는 어디까지나 의사 결정 제도이기 때문에 모든 기대에 답할 수는 없으며, 한국 사회는 정치에 대한 기대와 환멸 사이를 왕복하는 모습을 보여 왔습니다. 한국의 저명한 정치학자 최장집은 이를 '민주주의에 대한 열망과 좌절, 열광과 환멸의 사이클'이라고 불렀습니다.

한편 한국에는 국가보안법이라는 법이 엄연히 존재하기 때문에 사상과 표현의 자유를 완전히 누릴 수는 없습니다. 따라서 민주주의 자체가 미완성이라는 관점도 일정 부분 사실이라고 할 수 있습니다. 이러한 상황을 감안했을 때 '소통 없는 의사 결정 회로'를 민주주의 제도 안에 도입한다는 이 책의 제안에 위화감을 느끼는 한국의 독자도 적지 않을 것 같습니다.

아즈마 일본에서도 민주주의는 고귀한 말입니다. 많은 사람들이 민주주의적인 가치를 소중히 여기고 있습니다. 따라서 "소통 없는……"이라는 주장에 즉각 반발하는 것은 당연하다고 할 수 있습니다. 그럼에도 불구하고 이런 제안을 하는 것은 '민주주의 사회에서는 많은 사람들이 정치적 결정에 참여한다'고 말하지만, 실제로는 시간, 경제, 능력 등의 이유로 한 사람 한 사람의 자원이 한정되어 있어서 정치적인 결정 과정에 거의 참여하지 못하는 현실이 보이기 때문입니다. 이런 현실의 한계를 타파해야 합니다.

이런 경우를 생각해봅시다. 평범한 시민이 블로그를 개설해서 한국의 대선 혹은 일본의 미군기지 문제 등에 대해 의견을 표명하려면 많은 시간과 노력을 들여야 합니다. 상당한 배경지식을 쌓아야 할 것이며, 자기 입장을 분명하게 정해서

설득력 있는 논리를 짜야 합니다. 하지만 정치적인 의견을 표명하기 위해서 이렇게까지 공을 들일 수 있는 사람은 그리 많지 않습니다. 정치적 참여라고 해봤자 단순히 특정 정치인이나 정당을 지지하는 수준에 머무르는 경우가 많습니다. 그러나 사람들이 자신이 지지하는 정치인이나 정당의 정책을 모두 찬동한다고는 말할 수 없습니다. 동조하는 정책이 있는가 하면 반대하는 정책도 있습니다. 이 때문에 일반 시민이 가지고 있는 정치적인 의견의 분포 양상과 실제 정치 사이에는 상당한 괴리가 존재하기도 합니다.

일본에서는 1960년대에 학생운동이 고조되어 정치의 시대를 맞기도 했습니다만, 1970년대 이후 정치의 존재감은 급격하게 약화되었습니다. 다행히도 같은 시기에 경제 발전이 계속되어 1990년대까지 경제 성장의 혜택을 입었습니다. 경제적 풍요와 문화적 다양화를 이룬 덕에 그리고 한국의 국가보안법처럼 자유를 제한하는 법률도 없었기 때문에, 정치가 제대로 가능하든 말든 크게 상관하지 않는 시대를 경험했습니다. 한국의 독자들은 상상하기 힘들지도 모르겠지만 한때 일본은 정치가 전혀 필요 없는, 경제적 풍요와 이를 배경으로 한 문화적 다양성만 추구하면 행복하게 살 수 있는, 세계적으로 유래를 찾기 힘든 행복한 나라였습니다.
하지만 이 경험으로 인한 부정적인 유산 또한 남아 있습니다. 일본인들은 지금 정치적인 의견을 표명하는 방법조차 잊고 말았습니다. 인터넷이라는 정보환경이 주어져도 어떤 식으로 의견을 표명하면 되는지 알지 못합니다. 일반 시민들은 정치에 참여해본 경험이 없기 때문에 어떻게 하면 관여할 수 있는지 그 방법조차 모르는 것입니다. 그 사이에 자민당 등 기존의 당 조직은 각각 특정 산업이나 조직과 연계된 이익집단으로 변질되어, 일반 시민의 의견은 정당에 반영되지 않고 있습니다. 반대편인 시민운동 측도 마찬가지입니다. 일본에서 시민운동으로 전개하고 있는 사람들은 사실상 사회 안에서 특수한 사람들이 되고 말았습니다. 일반 시민이 자연스러운 형태로 정치적 의견을 표명할 수 있는 회로가 사라지다시피한 것입니다.
이런 상황에서 예를 들어 트위터 같은 매체를 이용하면 140자 정도로 매우 손쉽게 '이 정책이 좋다' 혹은 '저 정책이 좋다'는 식으로 의견을 표명할 수 있습니다. 원전 사고 이후, 일본의 소셜미디어는 이전에 비해 급격히 정치화되었습니다. 예를 들면 오오이(大飯) 원전 재가동 문제•를 둘러싸고 매일 반대/찬성 트윗이 어마어마하게 쏟아져 나오고 있습니다. 이들이 모두 원전 문제 전문가인가 하면 사실은 대부분이 아마추어, 즉 평범한 시민들이며, 트위터에 쏟아지는 내용들 또한 아마추어의 재잘거림에 불과합니다.
하지만 저는 아마추어의 재잘거림이 쏟아져 나오는 공간이야말로 건전한 정치적 공간이라고 생각합니다.

•

후쿠시마 원전사태 이후 일본에서는 가동 중이던 모든 원전을 순차적으로 정지시켜 현재 모든 원전이 가동을 정지한 상태다. 하지만 여름의 전력 소비량이 발전 가능량을 웃돌 것으로 예상되고 있어 원전을 재가동할 것인지의 여부를 두고 일본 사회 내에서 의견이 갈리고 있다. 제일 먼저 재가동 여부를 결정하게 될 원전이 오오이 원전이다.

일본이 당면하고 있는 정치적 과제는 전문가가 논의를 거듭할 수 있는 공간을 만드는 것도, 정치적인 의견을 자유롭게 표명할 수 있는 자유를 확보하는 것도 아닙니다. 이것들은 이미 달성되었습니다. 정치의식이 그다지 없는 사람들, 평범한 일반 시민들이 부담 없이 정치적인 발언을 할 수 있는 회로를 다시 만드는 것이 가장 중요한 과제인 것입니다. 이 책의 구상은 이러한 문제의식에서 나왔습니다.
따라서 일본어판 서문에서 밝힌 것처럼 이 책이 문제시하고 있는 내용은 어쩌면 일본 특유의 문제일 수도 있습니다. 일본은 민주주의를 달성한 후 정치에 대한 신뢰가 땅에 떨어지고 말았습니다. 정치가 기능하지 않아도 경제와 문화는 풍요로운 상태를 20~30년간 경험하고 말았습니다. 이 상황에서 정치 공간을 어떻게 다시 재건할 것인가? 일본 사회가 직면하고 있는 과제는 이것입니다. 쉽게 말해『일반의지 2.0』은, 일본 사회에는 정치적인 숙의를 할 수 있는 사람의 수가 적기 때문에 숙의를 에워싼 재잘거림의 공간을 만들어 공공 공간을 재건하자는 제안을 하고 있는 것입니다.
한국 사회에도 이러한 제안이 필요한 시기가 도래할지 아니면 도래하지 않을지 저는 잘 모르겠습니다. 다만 서양적인 주체성에 입각한 정치 모델, 즉 한 사람 한 사람이 성숙한 주체의 입장에서 사회 전체를 조망하고 서로 토론을 거치면서 정치에 참여하는 정치 모델은 서양 고유의 전통 위에 세워진 것으로, 적어도 일본 사회는 그 기능을 충분히 활용하지 못하고 있습니다.

안천 『일반의지 2.0』은 '일반 시민이 부담 없이 정치에 참여할 수 있는 장치를 만들자'는 문제의식과 '제대로 기능하지 못하는 대의제 민주주의에 정치의 모든 부분을 맡겨도 되는 것일까'라는 위기의식이 포개진 지점에서 쓰인 것이라고 보면 되겠습니까?

아즈마 정리하자면 그렇다고 할 수 있습니다. 가장

중요한 것은 '인민이 결정한다'는 인민주권의 이념입니다. 이 이념을 실현하기 위한 수단 가운데 하나가, 선거로 일정 기간 민의를 대표하는 사람을 뽑아 그 사람에게 정치를 맡기는 대의제 민주주의입니다. 근대 민주주의는 이 수단을 채택했지만, 원리상 인민주권의 실현 방법을 꼭 대의제 민주주의로만 한정할 필요는 없습니다. 선거라는 방법이 아니더라도 인민이 원하는 것을 가시화해서 '인민이 정하는 회로'를 만들고 이를 정치적 의사 결정 과정에 반영한다면 인민주권은 강화될 것입니다. 대의제 민주주의를 포기하는 것이 아닙니다. 이를 또 하나의 회로로 보완하는 것입니다.

6. 마치며

아즈마 언뜻 보면 제가 매우 추상적이고 보편적인 문제를 사유해온 것처럼 보일지도 모릅니다. 하지만 실은 1971년에 일본에서 태어난 사람이 생각할 법한 내용을 말하고 있을 뿐입니다. 이 양면성이 제 사유의 알기 쉬운 부분임과 동시에 알기 어려운 부분일 것입니다. 아마도 제 사회사상의 근간에는 일본이 버블을 경험했던 시대의 '정치에 대해 전혀 고민하지 않아도 문제없어'라는 감각이 있으며, 이 감각을 존중하는 부분이 있습니다. 이런 감각은 2010년까지도 일본 사회 전체에 남아 있었다고 생각합니다. 하지만 이제 상황이 바뀌고 말았습니다. 후쿠시마 원전이 폭발하는 광경을 목격했을 때, 일본인들은 '정치도 중요한 것이 아닐까?'라고 확실하게 깨달았을 것입니다. 정치나 정치인은 제게 전혀 매력적이지 않습니다. 일본에서는 정치인이 되면 1년 중 100일은 운동회, 경로회 등 지역구의 자잘한 모임에 얼굴을 비쳐야만 합니다. 주민들의 자질구레한 불만이나 요구에 귀를 기울여, 복잡하게 얽혀 있는 이해관계를 이쪽저쪽 눈치를 보며 조정해야 합니다. 이러한 일이 꼭 필요하고 중요하기는 하지만 따분한 직업이라는 인상이 강합니다. 저만의 느낌이 아니라는 점은 유능한 젊은 인재들이 정치 분야에 모이지 않는 것을 보면 알 수 있습니다. 아무리 제도적으로 흠이 있다 하더라도 좋은 인재들이 자리를 채우고 있다면 정치는 기능할 것입니다. 하지만 일본에서는 이 전제 자체가 붕괴되었고, 정치는 그 고귀한 위상을 잃어버렸습니다.

안천 지금의 이야기를 듣고 보니 일본에서 정치가 가지고 있는 이미지는 한국에서 정치라는 말이 갖고 있는 이미지와 다른 것 같습니다. 한국에서 정치라는 말을 들으면 사회를 양분하는 갈등이나 대립이 분출하는 공간이라는 이미지를 떠올리게 되는데, 아즈마 씨의 이야기를 들으면 일본의 정치는 사회 전체를 뒤흔드는 갈등이나 대립이 부재한 상태에서 꼼꼼하게 자질구레한 의견을 조정해가는 활동처럼 느껴집니다.

아즈마 그렇습니다. 일본에서는 최근 몇 십 년 동안 '조정'이 정치의 모든 것이었습니다. 이런 배경 속에서 이 책의 주장이 나왔습니다. 과거에는 일본에도 사회를 양분하는 갈등이나 대립이 있었지만 어느 시기부터 모든 것이 조정으로 바뀌고 말았습니다. 경제적으로 풍요로워지면서 사회적인 갈등이나 대립은 모두 경제적인 자원 배분의 문제로 환원되었고, 정치는 이를 조정하는 역할만 맡게 되었습니다. 어떤 의미에서는 순수한 정치에 가까운 모습이기도 합니다. 이 책의 배후에는 이러한 일본 정치의 현실이 있습니다.

안천 긴 시간 동안 여러 질문에 성실히 응해주셔서 감사드립니다. 한국의 독자들에게 이 인터뷰가 『일반의지 2.0』을 이해하기 위한 입구로, 그리고 아즈마 씨의 철학적 바탕을 이해하는 계기가 되었으면 합니다.

아즈마　　일본 사람들이 거의 묻지 않는 질문들이 많아서 이번 인터뷰는 굉장히 신선했습니다. 인터뷰 내용을 일본어로도 남겼으면 합니다. 한국의 독자들이 이 책에 어떤 반응을 보일지도 무척 궁금하군요.

인터뷰를 마치고

:

아즈마 히로키의 사상적 특징 가운데 하나는 근대와 탈근대의 구분을 의식과 '의식 외부'의 구분과 연계지어 사유한다는 것에 있다. 각기 차원은 다르지만 인간과 동물, 의식과 신체, 개체와 통계, 고유명과 익명, 작가와 데이터베이스, 메타적 성찰과 즉물적 반응 등 여러 저서에서 아즈마가 사용하는 짝개념들도 이런 구분과 밀접한 관계가 있다. 그는 인간을 이와 같은 양면성이 결합된 존재로 파악하고 있다. 역자가 보기에 『일반의지 2.0』도 그 연장선상에 있다. 이 책의 주장을 요약하면, 근대적 모델인 대의제 민주주의를 탈근대적 모델일 수 있는 '일반의지 2.0'으로 보완하여 인민주권을 더욱 강화하자는 것이다. 달리 말해 의식과 '의식 외부'의 상호 보완을 이루자는 말이다. 인터뷰를 통해 아즈마의 작업들을 관통하고 있는 이러한 철학적 밑바탕이 조금이나마 드러났기를 바란다.

:

이 책의 내용 자체는 매우 평이하다. 어려운 내용은 거의 없다. 인문사회학적인 배경지식 역시 대부분 필요로 하지 않는다. 하지만 그 발상은 상당히 독특하다. 서로 연결되지 않을 것 같은 영역들을 연결해서 길이 없는 곳에 길을 만들려고 한다. 그 길이 실제로 만들어질지 아직은 미지수다. 하지만 이 책이 그 길을 만들려는 실천인 것만은 분명하다.

1:

대학을 뛰쳐나와
출판사를 만들다

안천 현재 아즈마 씨는 출판사 '겐론'의 편집장 겸 대표이사다. 2000년대에는 게이오 대학, 국제대학 글로벌커뮤니케이션센터, 도쿄 대학, 도쿄 공업대학 등에서 교편을 잡았고, 2013년까지는 와세다 대학에서 교편을 잡았다. 한편, 2010년에 겐론의 전신인 '콘텍추어즈'라는 회사를 설립하고, 지금은 스스로 설립한 출판사 겐론을 활동의 거점으로 삼고 있다. 대학을 중심으로 아카데믹한 세계에서 활약하는 선택지도 있었을 텐데, 그 세계를 뛰쳐나와 불확실성과 위험을 각오하면서 출판사를 세운 이유는 무엇인가. 일반적으로 한국에서는 비평가나 사상가는 대학에 소속된 상태에서 집필 활동을 한다. 그래서인지 대학을 버리고 오로지 출판사를 거점 삼아 집필 활동을 하는 아즈마 씨가 흥미롭고 동시에 낯설게 보인다.

아즈마 얼마 전 문예지《신초》에 「겐론과 조부」라는 에세이를 쓴 적이 있다. 그 글에서도 이야기했지만, 내 주변이나 친척 가운데 학자나

지식인이 없어서 내가 대학교수가 된다는 것을 머릿속에 그리기 힘들었다. 학생으로 도쿄 대학과 대학원에 다녔고, 비평지《비평 공간》에 젊었을 때부터 글을 써서 주변에 학자는 많았다. 그러나 어렸을 적에는 그런 환경에 있지 않았다. 이대로 나이가 들어 대학교수가 된다는 이미지를 갖기 어려웠다. 대학에서 가르친 후에도, 문예지나 논단지에 글을 쓰게 된 후에도 그런 활동을 하는 어른이 된다는 것이 와 닿지 않았다. 내가 살아갈 인생이 아니라고 느꼈다고 할까.

어릴 적 할아버지는 도쿄의 아카사카에서 카펫이나 커튼 등 실내 인테리어를 하는 작은 회사를 운영하셨다. 겐론을 시작하면서 나에게 어른의 이미지란 할아버지처럼 중소기업을 경영하는 것이었음을 알게 되었다. '아, 나는 이런 어른이 될 수밖에 없구나'라고 깨달았다. 대학에서 가르치고, 글을 쓰는 것만으로는 어른임을 실감할 수 없었다.

안천 아즈마 씨가 대학을 버렸다는 것이 단순히

한 개인의 선택으로만 여겨지지 않는다. 실제로 대학은 서서히 붕괴되고 있다. 대학이라는 시스템은 어떻게 될 것으로 보는가?

아즈마 대학에는 다양한 학부가 있다. 이공 계열과 인문 계열은 상황이 전혀 다르다. 따라서 대학 전체가 어떻게 될지는 모르겠다. 다만, 철학은 '대학이라는 제도 내에서 가르쳐야 하는가?'라는 물음이 대두될 것이다.

철학은 본래 직선적으로 발전하는 지식이 아니다. 플라톤을 데카르트가 극복했고, 데카르트를 칸트가 극복했으며, 칸트를 하이데거가 극복하면서 지금의 '최첨단' 철학이 존재하는 게 아니라는 말이다.

철학을 배우려면 고전으로 돌아가야 한다. 그렇다면 전문 교육에 무슨 의미가 있을까? 전문가는 다양한 선행 연구를 알고 있다. 그러나 이조차도 선행 연구를 전부 파악하는 것이 아니다. 누구든지 고전을 읽을 때는 한 사람의 아마추어로 되돌아간다. 철학은 원리상 전문 교육과 맞지 않다.

안천 조금 전에 "대학에서 가르치고, 글을 쓰는 것만으로는 어른임을 실감할 수 없었다"고 했는데 어릴 적부터 책 읽는 것을 좋아했다고 들었다. 학자가 되고 싶다는 생각은 없었나?

아즈마 전혀! 책 읽기를 좋아하고 글을 쓰며 살고 싶다고 생각했지만 주변에 그런 어른이 존재하지 않았다. 현실에 롤 모델이 없어서 위화감을 느꼈다고 할까. 대학에서 가르친 후에도 '이것이 정말 내 인생일까?' '이렇게 사는 게 어른으로 사는 걸까?'라는 느낌을 지울 수 없었다. 물론 이것은 순전히 나의 개인적인 견해로, 대학교수라는 직업을 비판하는 것은 아니다. 대학에서 가르칠 때에도 '이것 말고 다른 일을 하지 않으면 제대로 된 인생을 살지 못하는 게 아닐까?'라는 생각을 했고, 결국 회사를 만들었다.

지금 대학의 상황도 관계있다. 세계 어느 곳이든 다르지 않을 텐데, 이른바 '인문학의 자리'가 대학에서 사라지고 있다. '문학과 철학을 공부하는 것이 무슨 도움이 되는가?'라는 말을 자주 듣는다. 문학부 해체론로 대두되고 있다. 이런 상황에서 대학이 자기 자신의 존재의의를 증명하려고 애쓰는 모습이 부자연스럽게 여겨졌다.

철학이나 사상은 본래 도움이 되지 않는 존재다. 1시간 수업료를 지불하고 수업을 들으면 딱 그만큼 똑똑해지는 유형의 것이 아니다. 이제 대학의 사회적 역할은 달라졌다. 과거의 대학은 경제 논리의 바깥에 있었지만 지금은 경제 논리 속으로 들어왔다. '그런 곳에서 철학이나 사상을 하는 것은 어렵다'라고 생각했고, 경제 논리 바깥에 스스로 공간을 차려야겠다는 생각에 이르렀다. 출판의 관점에서도 회사를 만들어야 했다. 지금은 편집자가 좋아하는 책을 발간하기 위해 마음대로 시간을 쓸 수 있는 시대가 아니다. 출판사도 경제 원리 복판에 놓여 어떻게든 수익을 내는 책을 만들어야 한다. 당연히 좋은 책을 출간하는 것이 어려워졌고, 내가 좋아하는 책을 제작하거나, 내가 좋아하는 책을 이야기하는 편집자를 찾는 게 어려워졌다. 그래서 스스로 '공간'을 만들어야 했다.

좀 더 구체적으로 이야기하자면, 2000년대 중반 우노 쓰네히로(宇野常寛)라는 젊은 평론가가 등장했다. 우노 씨는《PLANETS》라는 동인지를 만들어 4천 부 이상 판매했다. 대단한 일이다. 우노 씨가 하고 싶은 일과 내가 하고 싶은 일은 다르지만, 그래도 문화를 비평하는 책을 일반 유통 경로를 통하지 않고 4천 부 이상 판매했다는 것은 상당한 성과다. 이런 활동을 지속적으로 키워나가면 기존 유통 경로와는 다른 새로운 인문 도서 유통 경로를 만들 수 있다고 생각했다.

우노 씨가 등장한 시기에 나는 '제로 아카 도장'이라는 활동을 했다. 대형 출판사 고단샤와 함께했는데, 중간에 담당자가 바뀌곤 했다. 나는 고단샤와 함께한다고 생각했지만, 현실적으로는 고용된 입장이었던 것이다. 고단샤의 방침이 바뀌면 '제로 아카 도장'도 얼마든지 중간에 버려질 수 있음을 깨달았다. 진정으로 다음 세대의 비평가를 키우고 싶다면 스스로 조직을 만드는 방법밖에 없다고 생각했다.

안천 쉽지 않은 결단이었을 텐데.

아즈마 결단이라고 하기엔……. 처음에는 부업이나 취미의 연장선으로 작은 출판사를 만든다고 생각했다. 그런데 운영하면서 <겐론 프로젝트>가 나에게 얼마나 중요한지를 알게 되었다. 2013년부터 이 회사가 절대로 문을 닫아서는 안 된다고, 회사를 운영하는 것이 나의 사명이라고 여기게 되었다. 그전까지는 피치 못할 사정이 생기면 회사 문을 닫고, 글을 쓰거나 대학으로 돌아갈 가능성도 있다고 생각했다. 실제로 2013년에 회사가 위기를 겪었다. 이런저런 이유로 망할 뻔했다. 이대로 가면 망하겠다 싶었을 때, 회사가 망하면 안 된다고 각오를 다졌다. 그런 점에서 진정한 창업은 2013년부터라고 할 수 있다. 그전에는 마음 한구석에 '망하면 어쩔 수 없지, 뭐'라는 생각이 있었다. 그때부터 이

길이 나에게 비평의 실천, 철학의 실천이라고 생각했다.

2013년은 '겐론 카페'를 만든 해이기도 하다. 처음 겐론 카페를 만들었을 때는 수익을 낼 거라고 생각하지 못했다. 주변 사람들도 그랬으니까. 그런데 겐론 카페는 의외로 수익을 올리고 있다. 사람들이 토크쇼를 좋아하니까!

겐론 카페를 하면서 '철학이란 무엇인가?'를 생각하게 된다. 철학자 소크라테스는 다양한 사람들을 만나 술을 마시며 대화를 나누었다. 여기에 '철학의 기원'이 있다. 대화 내용 가운데 주요 개념을 추출해 가르치는 행위는 나중에 등장한다. 플라톤의 『대화』를 읽어보면 소크라테스는 철학자하고만 이야기했던 것이 아니다. 군인, 기업인, 정치인 등 다양한 사람들과 멋대로 이야기를 나누었다. 다양한 배경을 가진 사람들이 모여 자유롭게 이야기를 나누는 공간을 만드는 것, 그것이 철학적 사유의 원점이라면 겐론 카페가 비슷한 공간이라고 보았다.

무엇보다 겐론 카페는 시간제한이 없다.

서점에서 열리는 북 토크는 시간이 정해져 있다. 심포지엄, 토크 이벤트 등 1~2시간이 기본이다. 그런데 사람들은 1~2시간으로는 본질적인 이야기를 하지 않는다. 적어도 두 시간이 넘었을 때, 준비해온 이야기가 바닥이 났을 때 비로소 대화가 시작된다. 겐론 카페를 운영하면서 시간이 여유 있게 주어져야 한다는 것, 기왕이면 알코올이 있는 게 좋다는 것을 알았다. 차분하고 편한 분위기, 시간제한 없이 '니코니코 동영상'에 실시간 중계함으로써 리얼 타임으로 시청자의 반응이 화면에 뜨는 것도 중요하다. 주변에 관객이 있고, 그들이 '너 재미없어' 야유를 보내는 등 감정을 표출하는 요소가 대화를 풍요롭게 만들어준다. 하지만 현실은 이런 요소를 실현하는 공간이 없다.

겐론 카페는 나만의 공간을 빌려서 운영하므로 시간제한이 없다. 스태프에게 업무에 상응하는 비용을 지급하면 되니 시간은 무제한에 가깝고 술을 내놓아도 문제없다. 내가 하고 싶은 대로 할 수 있다. 만약 대학의 강의실을 빌리면 저녁

9시에는 끝내야 한다거나, 술은 절대 안 된다는 제약이 따를 것이다. 이런 제약이 대화의 본질과 상관없는 듯하지만 매우 중요하다. 그 요소가 뒤섞였을 때 철학적인 공간이 성립한다. 이런 공간을 만들기 위해서는 내가 장소를 빌려 운영하는 방법밖에 없다고 생각했다. 겐론과 겐론 카페를 운영하면서 내가 하는 일이 철학의 원점에 가깝다고 생각하게 되었다.

안천 준비해온 것이 바닥났을 때 비로소 대화가 시작된다는 말이 인상 깊다.

아즈마 일반적으로 심포지엄은 사람들이 모여 두 시간 동안 진행된다. 한 명당 30분씩 이야기하는 게 일반적이다. 마지막 30분은 토론 형식이다. 이런 심포지엄에서는 아무 일도 일어나지 않는다. 나도 참가해보았지만, 외국에서 열리는 심포지엄은 각자 준비한 것을 이야기하고 토론한다. 토론이라고 해봤자 한 사람이 발언하는 횟수는 한 번 아니면 두 번이다. 행사를 마치고 저녁식사를 하는데, 우연히 옆에 앉은 사람과 이야기하는 것이 끝이다. 적지 않은 시간을 들여 외국에 가지만 얻는 게 거의 없다. 그러나 형식적으로 심포지엄은 마친 셈이다.

이 세계에는 이런 유형이 굉장히 많다. 심포지엄이니 대화니 협업이니 그런 말을 좋아하지만 그냥 말뿐이다. 거기에서 실제로 무슨 일이 일어나는지에 대해서는 무감각하다. 실제로 그곳에서 사건이, 사태가 일어나게 하려면 이런저런 요소를 가미해야 한다. 겐론 카페는 실제로 '사건'이 일어나는 곳이다.

:

철학이나 사상은 도움이 되지 않는 존재다.
대학의 사회적 역할이 달라졌다.
과거의 대학은 경제 논리의
바깥에 있었지만
지금은 경제 논리 속으로 들어왔다.
경제 논리 바깥에 스스로
공간을 차려야겠다고 생각했다.
출판의 관점에서도 회사를 만들어야 했다.
출판사도 경제 원리 복판에 놓여
수익을 내는 책을 만들어야 한다.
내가 좋아하는 책을 제작하는 게
어려워졌다.
그래서 스스로 '공간'을 만들어야 했다.

:

겐론 카페를 하면서

'철학이란 무엇인가?'를 생각하게 된다.

소크라테스는 다양한 사람들을 만나

술을 마시며 대화를 나누었다.

여기에 '철학의 기원'이 있다.

소크라테스는 다양한 사람들과

멋대로 이야기를 나누었다.

다양한 배경을 가진 사람들이 모여

자유롭게 이야기를 나누는

공간을 만드는 것,

그것이 철학적 사유의 원점이다.

2:

『일반의지 2.0』을 되돌아보다

안천 『일반의지 2.0』에서는 트위터 등 새로운 소통 도구나 네트워크를 통해 일반인이 가벼운 기분으로 정치나 정책에 관해 쓴 트윗을 모아 일반의지로 가시화하는 공공 공간을 구상했다. 같은 시기, 아즈마 씨는 트위터의 리트윗 기능에 대해 "이용자 본인이 평소에는 접할 일이 없는 정보와 접촉[오배(誤配)]할 가능성이 있다"고 평가했다. 개인적으로 현재의 트위터는 일상용어로 정착된 '엔조'라는 말로 대표되듯이 일종의 갑갑함이 느껴지는 것도 사실이다. 트위터를 비롯한 SNS에 대해 어떻게 생각하는지 궁금하다.

아즈마 『일반의지 2.0』은 2009년부터 2010년까지 써서 2011년에 간행되었다. 어느덧 10여 년의 세월이 흘렀다. 일본에서는 연재가 끝나고 책으로 만드는 사이에 동일본 대지진이 일어났다. 이 또한 내 생각에 큰 영향을 끼쳤다. 그 시간 동안 SNS에 대한 평가는 기대에서 실망으로 바뀐 듯하다. 테크놀로지가 사회를 올바른 방향으로 이끌지 않고, 테크놀로지를 사용하는 인간에 귀속되는 문제라는 사실이 현실화되었다. 사람은 자기가 원하는 정보만 수집하고(『관광객의 철학』의 문제의식이기도 하다), 아군과 적을 명확히 하고, 경계선을 긋고, 자기편에만 둘러싸인 환경을 만들어 그 안에서 살아가기 위한 도구로 SNS를 활용한다. 원래 SNS 또는 인터넷은 오배를 늘리는 기술로 활용할 수 있었다. 그 가능성을 앞으로 어떻게 다시 열어갈지가 중요하다.

나는 인터넷 공간을 통해서만 오배 가능성을 늘려가는 것은 힘들다고 본다. 현실 공간과 정보 공간을 접맥(接脈)시키는 방식에 초점을 맞춰야 한다. 이는 『약한 연결』과 『관광객의 철학』에서도 강조한 것으로, '관광'이라는 단어로 전하려는 메시지이기도 하다.

사람들은 일반적으로 관광을 중요하지 않은, 별 가치 없는 행위로 여긴다. 관광하는 사람은 자기가 가는 곳, 곧 관광지를 알고 있다. 파리에 관광을 갈 때, 파리에 관한 정보는 가이드북에 쓰여 있다. 책이나 인터넷에서 본 적 있는 에펠탑을 직접

보고, 그것을 사진에 담으며 기뻐하는 것이다. 이미 알고 있는 사실을 단지 확인하는 행위가 관광이어서 가치가 없다고 말한다.

그러나 이미 알고 있는 사실을 확인하러 가는 것이지만, 실제로는 그곳에서 뜻하지 않은 일이 일어난다. 그런 오차가 반드시 섞여 있다. 정보의 세계에서는 닫혀 있다고 생각하기에 안심하고 관광을 떠나지만, 막상 떠나보면 관광지는 현실계여서 뜻밖의 일이 일어난다. 그런 '어긋남'이 있다. 그 어긋남으로 사람을 이끄는 힘이 네트워크에 있다. 네트워크가 네트워크만으로 스스로 완결된다면 아무 일도 일어나지 않지만, 네트워크가 있어서 안심된다는 생각으로 현실 세계로 떠나면 뜻하지 않은 일이 일어난다. 즉 오배가 일어난다. 인터넷이나 SNS는 그런 가능성을 내재하고 있다.

안천 현실에서 뜻밖의 경험을 하고, 이를 계기로 네트워크를 다른 형태로 활용할 여지가 열린다는 말인가?

아즈마 그렇다기보다는 사람이 원래 경험하지 않았을 뜻밖의 경험을 할 가능성을 높이는 데 네트워크를 활용할 수 있다는 것이다. 이것이야말로 인터넷에 잠재되어 있는 가능성이다. 2000년대에는 일본뿐만 아니라 세계적으로 '정보기술 혁신을 통해 사회가 바뀌고 정치도 바뀐다'고 꿈꾸는 사람들이 있었다. 하지만 2010년대에는 '정보기술이 진보해도 사회도 정치도 바뀌지 않는다. 오히려 악화된다'는 인식이 자리 잡았다. 미국 트럼프 대통령의 등장이 대표적이다. 이런 시대에 우리는 '정보기술을 어떻게 사용하면 사회와 정치가 좋아질까?'를 근본부터 생각해야 한다. 정보기술과 현실 세계를 접맥시키는 새로운 방식을 고안해 오배를 늘리는 것이 중요하다.

안천 정보기술과 현실 세계의 '접맥'은 데이터에 의존하기보다 인간의 '몸'의 감각을 사용해야 한다는 말로 해석된다. 아즈마 씨의 '겐론 카페'도 몸의 철학을 극대화시키는 주요한 수단이다.

그러나 집단지성에서 빅 데이터로 바뀌었을 뿐, 우리는 여전히 데이터를 신봉한다.

아즈마 그렇다. SNS가 좋은 사례다. 처음 SNS는 인터넷에 인간관계를 도입하는 매체가 될 것으로 기대했다. 하지만 실제로는 인간관계를 수치화하는 매체가 되었다. 이제 사람들은 리트윗이나 '좋아요' 숫자에만 매달린다.

안천 『일반의지 2.0』에서 아즈마 씨는 "구글이나 트위터는 새로운 정치 참여, 새로운 행정 참여의 가능성을 제안하는 것에 그치지 않는다. 우리가 지난 2세기 동안 새로이 구축해온 통치 기구 그 자체, 국가 형태 그 자체에 근본적인 의문을 던지고 있다"고 적었다. 그 생각은 지금도 유효한가.

아즈마 그 생각에는 변함없다. 단, '구글이나 트위터가 있어서 앞으로 국가와 정치는 필요 없다'는 의미는 아니다. 오히려 새로운 국가상과 정치상이 필요하다는 뜻이다. 그렇다면 어떤 국가상, 정치상이 필요할까?

앞에서 말했듯이, 나는 오래된 의회제 민주주의와 새로운 정보형 민주주의를 어떻게 '접맥'하느냐를 중요하게 여긴다. 의회제 민주주의는 숙의를 전제로 한다. 깊이 생각하여 충분히 의논한다. 의식적인 소통이 정의를 도출한다고 여긴다. 정보형 민주주의는 빅 데이터를 전제로 한다. 소통이 없어도 사람들의 무의식적 욕망을 집적하면 정의가 실현된다고 여긴다. 문제는 둘 다 충분하지 않다는 것이다. 양자를 접맥하고 조합했을 때 비로소 정의를 실현할 수 있다.

우리는 '정치적 동물'과 '데이터베이스적 동물'을 어떻게 조합할지를 생각해야 한다. 매우 구체적인 문제다. 우리는 늘 '정치적 동물'일 수 없다. 맛있는 음식을 먹고 싶고, 섹스도 하고 싶고, 따뜻한 옷을 입고, 푹 자고 싶다. 쾌락적 몸과 매체가 접맥된 형태가 '데이터베이스적 동물'이다.

이 동물성, 즉 쾌락에 약한 몸을 어떻게 관리하고 우리의 인간성(정치적 동물)과 조화를 이루게 할 것인가? 이것이 문제다. 내가 생각하기에 말년의 푸코가 고민했던 주제는 이 조화 가능성이었다.

:

SNS는 기대에서 실망으로 바뀌었다.

사람은 자기가 원하는 정보만 수집하고,

아군과 적을 명확히 하고,

경계선을 긋고,

자기편에만 둘러싸인 환경을 만들어

그 안에서 살아간다.

그 도구로 SNS를 활용한다.

SNS 또는 인터넷은 오배를

늘리는 기술로 활용할 수 있었다.

그 가능성을 어떻게 다시

열어갈지가 중요하다.

:

현실 공간과 정보 공간을 접맥시키는
방식에 초점을 맞춰야 한다.
일반적으로 관광은 중요하지 않은 행위다.
관광하는 사람은 자기가 가는 곳,
곧 관광지를 알고 있다.
그러나 이미 알고 있는 사실을
확인하러 가지만, 실제로는 그곳에서
뜻하지 않은 일이 일어난다.
그런 오차가 반드시 섞여 있다.
정보의 세계에서는 닫혀 있어서
안심하고 관광을 떠나지만,
떠나보면 관광지는 현실계여서
뜻밖의 일이 일어난다.
그런 '어긋남'이 있다.

3:

동일본 대지진에 대하여

안천 『일반의지 2.0』(일본어판)은 동일본 대지진 직후 간행되었다. 당시 아즈마 씨는 동일본 대지진, 특히 후쿠시마 제1원전 사고가 일어나기 전과 후 사이에 일본 사회의 단절을 읽어냈다. 지금 시점에서 돌아보면 동일본 대지진을 통해 일본 사회는 어떻게 변화했다고 보는가?

아즈마 한마디로 매우 정치화되었다. 그것이 얼마나 큰 단절인지는 역사가가 후에 판단할 일이지만 도쿄에 거주하는 한 사람으로 생활하면서 많이 바뀌었음을 실감한다. 2011년 이전의 일본 사회는 논폴리(non-political) 사회였다. 사람들이 거리에서 만나 정치를 논하고 데모하는 사회가 아니었다. 그런데 2011년 이후 일본은 젊은이들이 데모를 하고, 대학 교단에서도 정치를 이야기하게 되었다. 큰 변화다.

2013년 와세다 대학에서 매주 금요일 저녁마다 강의를 했었다. 당시 금요일 저녁에는 정기적으로 국회 앞에서 데모가 있어서 데모에 가지 않고 교단에서 강의하는 이유를 이야기해야만 했다. 그

전에는 그런 일이 없었는데 말이다. 정리하자면 2011년부터 데모의 시대, 정치의 시대가 시작되었고, 지금도 계속되고 있다.

전체적으로 이는 좋은 현상이다. 하지만 나쁜 측면도 있다. 2011년까지 논폴리 시대였다는 말은 중도의 시대였다는 것이다. 좌우 대립은 시대착오적이라는 인식이 있었다. 어느 쪽인지 잘 모르겠다는 사람도 많았다. 그런데 지금은 점점 첨예화되고 있다. 특히 지식인이 그렇다. 얼마 전까지만 해도 문학을 하는 사람들은 대부분 정치적이지 않았다. 하지만 지금은 작가, 뮤지션, 아티스트가 정치적인 의견을 내놓는다. 좋은 점도 있지만 모든 것이 정치를 기준으로 평가되는 분위기여서 그 전의 일본을 알고 있는 나로서는 갑갑한 느낌도 든다.

안천　　동일본 대지진과 일본 사회의 정치화 사이에 관계가 있다는 말로 들린다.

아즈마　　동일본 대지진 때는 민주당 정권이었다.

대지진, 특히 원전 사고를 수습하는 과정에서 민주당 정권이 큰 실수를 했다고 생각하지 않지만, 많은 일본 국민들은 그렇게 생각했다. 정치가 자신의 생활과 직결되어 있다는 감각을 사람들이 갖게 되었다. 그 전에는 그런 감각이 없었는데 말이다. 물론 이는 단순한 사고방식이다. "원전 사고가 일어난 것은 민주당 정권 때문이다. 내가 지금 힘든 것은 민주당 정권의 경제 정책이 실패했기 때문이다. 그러니 아베 정권을 지지한다"는 것이다.

이는 반대쪽도 마찬가지여서 "지금 일본인이 힘든 것은 자민당 정권 때문"이라고 단순화한다. 현실은 그렇게 단순하지 않은데 말이다. 2011년 이전에는 이 정도로 단순한 논리를 내세우지 않았다. 2011년을 기점으로 정치가 나빠서 이렇게 되었다는 단순한 이야기가 나오게 되었다. 대지진과 원전 사고가 계기가 되었다는 것이다.

흥미로운 것은 원전 사고가 일어났을 때 가정에서 갈등이 생겼다는 것이다. 남성은 "방사능 문제는 없다. 후쿠시마 사람들을 지원하자"고 주장했다면, 여성은 "방사능은 무섭다. 아이와 함께 피난 가겠다"고 주장한 것이다. 실제로 남편은 도쿄에 남고, 가족은 지방으로 이주하는 현상도 일어났다. 이때까지 일본에서는 가정에서 정치가 논란거리가 되는 일이 없었다. 그런데 2011년 원전 사고는 일본의 많은 가정에 남성/여성이라는 구도와 겹치는 형태로 원전 찬성/반대라는 정치적 대립을 가져왔다. 특이한 경험이었다.

한국은 정치 담론을 중시하는 나라로 알고 있다. 오래전부터 데모가 있었고, 가정에서도 정치적 대립이 공존하는 경우가 일본에 비해 많았다. 그런 점에서 2011년 이후의 일본은 한국에 급속도로 가까워지고 있다는 생각이 든다.

안천 　　일본인이 자기 삶에서, 그리고 사람이 살아가는 데 정치가 중요한 의미를 갖는다고 인식하게 되었다는 말로 해석하고 싶다.

아즈마 　　그 전까지 일본인은 그런 인식을 오랫동안

잊고 있었다.

안천　　　그런 인식이 옳은지는 모르겠다. 일본의 가정에서 남성/여성 구도로 원전 찬성/반대라는 정치적 대립을 가져왔다는 것도 거칠게 받아들이는 사람이 있을 테다. 분명한 사실은 일본 사회에 그동안 보이지 않았던 어떤 공통 인식이 자리 잡게 되었다는 것이다.

아즈마　　　그런 인식을 갖고 있지 않은 나 같은 사람이 지금 일본 사회에 갑갑함을 느끼는 이유다. 그런 점에서『관광객의 철학』은 '탈정치화'를 권하는 책이다. 아군과 적군이라는 대립적 사고방식에 사로잡히지 않고 '사유하는 것'이 중요하다고 열심히 주장한 책이다. 2011년 이후 일본은 정치화, 극단주의화가 급속히 진행되었다. "너는 왜 데모에 참여하지 않느냐?"라는 말을 듣게 된 시대가 되었다. 나로선 매우 새로운 경험이고, 《겐론》이라는 잡지를 만들게 된 이유이기도 하다.

《겐론》은 특정 정책, 가령 아베노믹스를

비판하지 않는다. 데모에 참여하자고 호소하지도 않는다. 오히려 거리를 둔다. 지금 일본에서는 사상가나 비평가가 데모에 참가한다. 지식인들이 지금 눈앞에 있는 현실, 즉 "다가오는 선거에서 어느 쪽을 지지할 것인가?" "지금 열리는 데모에 참가할 것인가?"라는 문제만 논한다. 나는 그런 흐름에 위화감을 느낀다. 너무 획일적이기 때문이다. 이 획일성이 오히려 정치적으로 위험하다고 느꼈다. 그래서 이런 상황에 위화감을 표명하고 싶었다. 그런데 그런 위화감을 표명할 수 있는 장소가 없어서 스스로 만들어야 했다. 그런 점에서 '겐론'이라는 장소가 필요했다.

안천 겐론을 중시하는 것과 동일본 대지진 이후 일본 사회의 변화가 연동된 셈이다.

아즈마 동일본 대지진이 없었다면 지금의 겐론은 없었을 것이다. 2013년에 간행한 『후쿠시마 제1원전 관광지화 계획』이라는 책이 큰 비판을 받았다. 전혀 팔리지도 않았고 지지받지도 못했다.

하지만 그때의 비판은 실제 내용과 관계가 없었다. 단순히 "너는 후쿠시마 편이냐? 적이냐?"라는 관점뿐이었다. 그러한 현실이 너무 불합리하다고 느꼈다. 갑갑했다. "후쿠시마 편이 아니라면 너는 적이다"라는 부당한 비판을 받은 결과 회사 상태도 악화되었다. '회사 문을 닫을 것인가, 아니면 계속 유지할 것인가?'라는 문제는 동시에 '편 가르기를 하는 사고방식에 어떤 태도를 취할 것이냐?'라는 문제였다. 그때 나는 '편 가르기 사고방식에 굴복할 수 없다. 아군과 적군의 구분에 구애받지 않는, 대립으로부터 거리를 둔 장소를 스스로 만들어야겠다'고 다짐했다. 그래서 회사 문을 닫지 않고, 겐론 운영에 온 힘을 기울여야겠다고 각오를 다졌다.

안천 '사상가' 아즈마에게 동일본 대지진은 어떤 의미가 있었나? 그 일을 통해 어떻게 바뀌었는지 궁금하다.

아즈마 앞에서 상당히 이야기한 것 같다. 편

가르기를 우선시하고, 분명한 정치적 입장 표명을 부단히 강요하는 사고방식에 저항해야 한다고 생각했다. 그것이야말로 비평과 철학의 본래 역할이라는 생각을 분명히 하게 되었다. 나는 1971년생으로 정치적이지 않았던 일본을 살아온 세대다. 나쁜 점도 있었지만 좋은 점도 많아서 "우파인가, 좌파인가?"라는 질문을 듣지 않아도 되었다. 그 시대의 풍요로움을 논할 필요가 있다는 것, 그것은 단순히 전후 일본의 특수한 맥락에 한정된 것이 아니라 보편적 차원에서 가치 있다는 생각을 하게 되었다.

일본에는 동일본 대지진 이후 편 가르기가 만연하다. 그것이 동일본 대지진 때문만은 아니다. 인터넷에도 원인이 있다. 포퓰리즘 문제이자 브렉시트 문제이자 트럼프 문제이기도 하다. 인터넷, 특히 SNS를 통해 지구촌에서 또렷하게 편을 가르는 시대가 되었고, 같은 시기 일본에서는 동일본 대지진까지 일어나 변화가 급격해졌다. 그 전의 일본이 정치에 무관심했기에 그 변화의 정도가 컸다. 편 가르기 사고방식이 커지는 시대에 대항하는 인문학의 중요성, 그 과제를 인식하게 된 것이다.

안천　　『일반의지 2.0』에서는 새로운 정보기술을 통해 지금까지와는 다른 사회관계를 형성할 수 있는 가능성을 모색했다. 아즈마 씨의 견해처럼 동일본 대지진 이후 편 가르기 사고방식이 새로운 정보기술을 통해 더욱 가속화되었다. 결국 『일반의지 2.0』와는 정반대의 현실이 되고 말았다.

아즈마　　그렇다. 그런 현실에 저항하기 위해서는 기초부터 다시 시작해야 한다. 그렇기에 대학교수를 그만두었고 텔레비전에도 나가지 않았다. 젊은 지식인의 입장에서 텔레비전이나 신문에 발언하는 활동에도 관심을 두지 않았다. 대중을 상대로 주장을 펼치면 어느 진영인지 말해야 한다. 어느 쪽도 아닌, 그 '사이'에서 생각한다고 말해도 누구도 귀 기울이지 않는다. 결국 스스로 대안 공간을 만들어 조금씩 키워가는 방법밖에 없다고 생각했고, 그 결과 미디어에도 등을 돌리게 되었다.

안천 전략이 바뀐 셈이다.

아즈마 그렇다.

:

『관광객의 철학』은 '탈정치화'를 권한다.
아군과 적군이라는 대립적 사고방식에
사로잡히지 않고 '사유하는 것'이 중요하다.
2011년 이후 일본은 정치화,
극단주의화가 진행되었다.
《겐론》은 아베 노믹스 등
특정 정책을 비판하지 않는다.
데모에 참여하자고 호소하지도 않는다.
지금 일본에서는 사상가나 비평가가
데모에 참가한다.
나는 그런 흐름에 위화감을 느낀다.
위화감을 표명할 수 있는 장소가 없어서
스스로 만들어야 했다.

:

일본에는 동일본 대지진 이후
편 가르기가 만연하다.
인터넷, 특히 SNS를 통해
또렷하게 편을 가르는 시대가 되었다.
편 가르기 사고방식이
커지는 시대에 대항하는
인문학의 중요성을 인식하게 되었다.
그러한 현실에 저항하기 위해서는
기초부터 다시 시작해야 한다.
그래서 대학교수를 그만두었고
텔레비전에도 나가지 않았다.
대중을 상대로 주장을 펼치면
어느 진영인지 말해야 한다.
결국 스스로 대안 공간을 만들어
조금씩 키워가는 방법밖에 없었다.

4:

'오배'에서 '관광'으로

안천 『일반의지 2.0』 이후 아즈마 씨의 주요 단행본으로 『약한 연결』과 『관광객의 철학』이 있다. 두 책은 '관광'이라는 용어를 중요한 키워드로 대두시켰다. 아즈마 씨가 '관광'이라는 말을 적극적으로 사용한 것은 『후쿠시마 제1원전 관광지화 계획』부터인데, '관광'에 주목한 이유는 무엇인가?

아즈마 후쿠시마 원전 사고 후 '철학자로서 나는 무엇을 할 수 있을까?'를 고민했다. 일반적인 재건 계획은 나의 전문 분야가 아니므로 나만의 독특한 관점을 모색하는 과정에서 '다크 투어리즘'을 알게 되었다. 원전 사고를 연구하는 과정에서 과거에 원전 사고가 일어났던 체르노빌이 이미 관광지가 되어 있다는 사실을 접하고 놀랐다. 그래서 2013년에 직접 체르노빌에 가서 이런 저런 취재를 했다. 그렇게 조금씩 관광에 관심을 갖게 되었고, 책도 펴냈다. 그런데 『후쿠시마 제1원전 관광지화 계획』이라는 책, 아니 이 콘셉트가 큰 비판에 직면했다. 얼마 전 서울에서 열렸던 심포지엄에서 한국 참가자와도 대화를 나누었는데, 거기에서도 그런 주장을 했다는 것만으로 강한 비판을 받았다. 간행 당시에는 일본에도 그런 사람이 많았다. 앞서 말한 것처럼 회사 경영에도 큰 타격을 받았다. 하지만 비평가 입장에서는 이런 반발을 받는 과정에서 '관광'이라는 주제를 진지하게 고민해야겠다는 마음이 강해졌다. 이렇게 격렬한 반발이 있다는 것은 관광이라는 주제가 매우 중요하다는 뜻이다. 그럴수록 '관광'의 철학적 의미를 진지하게 고찰하고 이론화시킬 필요가 있다고 느꼈다.

'관광'을 본격적으로 연구해보니 그 중요성이 점점 커져가고 있음을 알았다. 유엔은 2017년을 '지속가능한 관광의 해'로 지정했고, 관광 산업은 일본뿐 아니라 세계적 차원에서 주목받고 있다. 관광을 통해 사회를 개선하려는 운동이나 활동도 곳곳에서 대두되고 있다. 10년 전에는 관광은 경제적 여유가 있는 사람들이 즐기는 사회적 의미가 없는 여가 활동으로 취급받았다. 하지만 지금은 그런 관점이 변화하는 시기로 철학적 고찰이 의미가 있음을 확신했다.

앞으로 관광은 점점 중요한 개념이 될 것이다. 사람이 관광한다는 것은 재미있는 현상이다. 심리학적으로 혹은 철학적으로 관광을 다루는 사람이 거의 없지만, 관광지를 찾을 때 그 사람은 관광지를 어느 정도 알고 있는데도 굳이 그곳에 가는 것이다. 후지산이 어떤 모양인지 모르고 가는 사람은 없다. 아는데도 그곳에 간다. 그곳을 알고 있는데 왜 가는 것일까? '관광'이라는 행위는 도대체 어떤 행위인가? 이는 충분히 고민할 가치가 있다. 그런데도 철학자들은 이 문제를 깊이 생각하지 않는다. 사람들은 관광을 통해 무엇을 얻으려 하는가? 사실 관광은 매우 불가사의한 현상이지 않나?

안천 《겐론》7호에 글을 기고했는데, 그 글에서 한국도 해외 여행객이 놀라울 정도로 증가하고 있다고 적었다.

아즈마 일본은 본래 관광 선진국이어서 쇼와 시대에

관광 인프라가 잘 정비되었다. 일본 사람들이 관광을 좋아했다는 것을 알 수 있는 사례다. 그런데 최근에는 관광에 대한 관심이 줄어들어서 다른 나라와 다른 흐름을 보이고 있다. 반대로 세계적으로는 지난 10~20년 사이 관광에 대한 관심이 커졌다. 관광의 중요성은 앞으로 점점 커질 것이다.

안천　　아즈마 씨는 『약한 연결』에서 '오배'를 '관광'과 접맥시켜서 '오배' 개념을 새롭게 하고 그 범위를 넓혔다. 『존재론적, 우편적』에서의 '오배'는 '네트워크 효과'의 측면이 강해서 인간이 수동적으로 수신하는 쪽에 있었다. 반면 『약한 연결』에서는 '오배'로서의 '관광'을 논함으로써 인간의 행위로서의 '오배=관광'의 측면이 부각되었다. '오배' 개념을 갱신한 의도가 궁금하다.

아즈마　　지금 내가 고민하는 주제는 '능동적 오배'라고 할까. 그런 방향으로 가능성을 모색하고 있다. 다만 '능동적 오배'라고 표현하면 좀 이상하긴 하다. '능동적으로 오배한다'는 것은 일종의 역설적인 개념이니까. '오배'를 의도적으로 만들거나 '능동적으로 오배'하는 것은 본래 불가능하다. 하지만 그와 유사한 상황을 만들어내는 실천이 새로운 가능성을 실현하는 계기가 된다는 것이 지금 내 생각의 토대다. '관광'을 오배의 능동적 실천의 하나로 해석하는 것이다.

철학적인 배경을 덧붙이자면 『약한 연결』과 『관광객의 철학』에서 본격적으로 논하지 않았지만 '오배'나 '관광'을 사유하는 배경에는 '책임'의 문제가 관련되어 있다. 1990년대 대학원에서 프랑스 철학을 공부하며 자크 데리다를 연구했는데, 당시 '책임'이 매우 중요한 개념이었다. 프랑스 현대사상을 윤리적 관점으로 해석했던 시기로 '책임=응답 가능성(responsabilitè)'이라는 개념이 주목받았다. 윤리란 응답 가능한 것, 책임을 지는 것을 의미한다는 주장이 널리 퍼졌다.

이런 사고방식은 '정치적 올바름'과도 관계있고 지금도 큰 영향력을 갖는다. 그런데 나는 데리다의 사상을 그렇게 해석하는 논의가 갑갑했다. 물론 일상적인 의미에서 책임은 응답 가능한 것을 의미하고, 윤리는 책임을 지는 것을 말한다. 그러나 인간의 본질을 사유하는 철학자가 그런 상식적인 논의에 만족해도 되는 걸까? 인간은 자기가 내뱉은 모든 말을 책임질 수 있는 존재가 아니다. 가령 10년 전에 내가 했던 모든 발언에 책임을 질 수 있느냐면 그럴 수 없는 것이 인간의 본질이다. 그렇기에 인간은 '자유'로울 수 있다. 물론 무책임해도 된다는 얘기가 아니다. 최대한 책임을 져야 마땅하다. 하지만 동시에 뜻밖의 일도 일어나고 인간은 변화하는 존재다. 일정 지점까지 책임을 질 수 있고 책임을 져야 하지만 모든 책임을 질 수 있는 존재가 아니다. 나는 오히려 이 어긋남이 인간의 본질을 구성한다고 여긴다. 그런 측면을 논하려고 '오배'라는 개념을 꾸준히 사용해왔다.

인간의 행위는 늘 뜻하지 않은 결과를

가져온다. 우리는 책임을 져야 하지만 기본적으로 결과라는 것은 늘 예상 밖의 사태를 동반한다. 따라서 책임을 지려 해도 전적으로 책임을 지는 것은 불가능하다는 것을 '오배'라는 말이 함축한다. 인간이 갖는 일종의 무책임한 측면, 어설픈 측면, 경박한 측면을 적극적으로 재해석하는 시도이기도 하다.

후쿠시마 문제가 계기가 되어 이런 생각을 관광이라는 개념과 연결했다. 『후쿠시마 제1원전 관광지화 계획』을 비판한 사람들은 "후쿠시마에 책임을 지는 자세로 말할 거라면 후쿠시마에서 살면서 말해라"고 했다. 예를 들면 『후쿠시마 제1원전 관광지화 계획』의 공동 저자로 가이누마 히로시(開沼博) 씨가 있다. 책을 함께 썼지만 나중에 입장을 바꿔 나를 비판하는 쪽에 섰다.

2014년에 《마이니치 신문》을 통해 그와 공개편지를 주고받았다. 그는 '재일조선인 작가 유미리 씨는 동일본 대지진 후 후쿠시마로 이주했다. 아즈마 씨도 후쿠시마를 논하려면 후쿠시마로 이주할 필요가 있지 않겠느냐'고 주장했다. 그런데 나는 그런 주장이 굉장히 폭력적이라고 생각했다. '후쿠시마를 논하려면 이주해야 한다. 실제로 그런 사람이 있지 않느냐'는 말을 들으면 솔직히 아무런 대꾸도 할 수 없다. 반론이 불가능하다. 나는 후쿠시마로 이주할 생각이 없기 때문이다. 하지만 이런 논리를 내세우면 생산적인 논의는 불가능하다. 가이누마 씨의 말은 나를 침묵시키기 위한 말일 뿐이다. 후쿠시마에 대해 어느 시점부터인가 이런 식으로 말을 못하게 하는 논리가 쓰였다. 그때 무책임이나 경박함의 가치를 다시 고찰하고, 그 의미를 적극적으로 재해석해야겠다고 생각했다. 무책임하기 때문에 소통에 열려 있고 무책임하기 때문에 실천할 수 있는, 이런 '어설픈 실천'의 가치를 전면에 내세워 적극적으로 논해야겠다고 생각했다. 그 과정에서 관광이라는 개념이 나왔다.

돌이켜 보면 『존재론적, 우편적』을 쓴 시기에는 오배란 저절로 일어나는 거라고 여겼던 것 같다. 그 후 사회 상황이 바뀌었고, 지금은 오배란 가만히 놓아두면 일어나지 않으므로 오배를 늘릴 수 있도록 인공적으로 환경을 조성해야 한다는 입장으로 바뀌었다. 겐론과 겐론 카페의 활동은 그런 환경을 스스로 조성한 것이다.

거듭 말하는데 이러한 변화는 인터넷 때문에 일어났다. 인터넷이 등장하면서 한 번만 클릭하면 원하는 정보를 얻고, 손쉽게 정보를 정리해 다 아는 듯한 착각에 빠졌다. 원하는 지식을 얻으려고 시행착오를 거치고 뜻밖의 일을 겪을 가능성이 줄어들었다. 오배가 일어나지 않는 것이다.

최근 농담 삼아 말하지만, 겐론 카페는 테드(TED)에서 3분이면 다룰 내용을 3시간에 걸쳐 다룬다. TED는 오배가 없는, 완벽히 준비된, 뚜렷한 목적을 가진 프레젠테이션이다. 반대로 겐론 카페는 쓸모없는 이야기를 하는 공간이다. 3시간 동안 이루어지는 대화는 TED의 관점에서 보면 대부분 쓸모없다. 하지만 그 쓸모없는 것처럼 보이는 정보가 사람들에게 뜻밖의 아이디어나 사고를 자극하고, 결과적으로 다음 세대의 새로운 혁신으로 이어질지도 모른다. 이런 오배를 실현하려고 겐론 카페를 운영하고 있다.

물론 정말로 무의미한 잡담이어서는 안 된다. 그 사이에서 균형을 잡는 것이 오배를 늘리는 길이다.

안천 구체적인 목적을 실현하는 것이 아니라 결과적으로 사람들의 생각이나 아이디어를 자극하고 활성화하는 것을 의도한다는 것으로 이해할 수 있겠다.

아즈마 '능동적 오배'는 자칫 논리적 모순으로 비칠 수 있지만, 나에겐 매우 구체적인 문제다. 가령 '몇 시간 동안 이야기를 나눌 것인가' '어떤 방식으로 이야기할 것인가' '어떤 논의 방식을 도입하면 오배 가능성이 높아지는가'와 같은 구체적인 고민으로 연결된다. 이렇듯 '오배가 일어나는 영역'에 철학의 본질이 있다. TED에는 철학이 없다. 그것은 프레젠테이션이지 철학이 아니다. 오히려 철학은 쓸모없어 보이는 곳에 존재한다. 내가 후쿠시마에 관광을 가야 한다고 주장하는 이유도 같은 맥락이다. 대부분의 언론인들은 분명한 목적을 갖고 방문한다. 목적을 갖고 가면 목적에 맞는 사진만 찍고, 목적에 맞는 정보만 구한다. 최근 들어 그런 경향이 더욱 강해졌다. 그렇지 않은 언론인도 있지만, 그들은 나의 용어를 빌리자면 '관광객의 정신'을 갖지 못한 언론인이라고 할 수 있다.

이러한 생각은 체르노빌을 방문했을 때 더욱 커졌다. 체르노빌에 가보니 체르노빌 기념 공원과 체르노빌 박물관이 있었다. 당시 일본에는 이런 사실이 거의 소개되지 않았다. 취재를 위해 체르노빌을 찾은 언론인들이 처음부터 아동의 백혈병 발병률, 체르노빌 원전 사고로 고통 받는 사람들과 같은 자신의 목적과 관련 있는 사람만 취재했기 때문이다. 실제로 그런 언론인들을 안내하는 안내원도 있었다. 언론인은 자유롭지 않은 존재다. 애초에 잘 모르는 곳을 방문하고, 그곳에서 안내원의 안내를 받지 않으면 아무것도 알 수 없다. 어떤 안내원의 안내를 받느냐에 따라 기사의 방향성은 이미 정해지는 것이다.

그래서 관광이 필요하다. 자유로운 존재가

되려면 정처 없이 돌아다녀야 한다. 현지에서 비어 있는 시간을 갖고, 우연히 만난 사람의 안내를 받는 등 우발적인 요소를 도입해야 한다. 이런 조건을 갖추었을 때 비로소 진실을 다각적으로 파악할 수 있고 취재의 다양성도 확보할 수 있다. 이런 조건을 나는 '관광객적'이라고 부른다.

취재를 위해 체르노빌을 방문했을 때 '관광객적'인 자세가 중요하다고 느꼈다. 그런 자세가 없으면 의도에 맞는 결론만 도출된다. 더 좋은 사회를 만들기 위해서는 다양한 사람들이 어설픈 지식이라도 좋으니 무책임하게 이런 저런 제안을 할 수 있는 환경을 조성하는 것이 중요하다.

안천 '철학은 쓸모없어 보이는 곳에 존재한다'는 말이 강렬하게 다가온다. 이 책의 핵심을 드러내는 구절이라는 생각도 든다. 그렇다면 우리 시대에 '쓸모없음'은 어떤 것일까. 그 '쓸모없음'은 대다수 사람들에게 없어서는 안 될 것일 텐데 말이다.

아즈마　　지금까지 '오배'를 이야기했다. '쓸모없음'은 오배의 다른 이름이다. '목적에 도달하지 않는 것'이다. 오배는 철학적 개념이 아니다. 개념 이전에, 극히 일상적인 경험에 붙인 이름이다.

우리는 어떤 책을 읽고 싶으면 인터넷에서 즉시 찾을 수 있다. 여기에는 오배 또는 쓸모없는 과정이 존재하지 않는다. 하지만 서점이나 도서관이라면 어떨까. 그곳에는 내가 읽고 싶은 책이 반드시 있지는 않다. 그 책을 찾으며 전혀 다른 책에 관심을 가질 수 있고, 뜻밖의 친구를 만날 수도 있다. 이것이 오배이고 쓸모없음이다.

이런 쓸모없음이 사라진 세계에서 사람은 처음에 자신이 마음먹은 것 이상의 무엇과 마주치거나 만나지 못한다. 그런 세계에 진정한 의미의 창조나 사유는 없다. 나는 그런 쓸모없는 경험을 할 수 있는 장소를 만들고 싶은 것이다.

:

관광은 중요한 개념이 될 것이다.
사람이 관광한다는 것은 재미있는
현상이다.
관광지를 찾을 때 그 사람은
관광지를 어느 정도 알고 있다.
그런데도 굳이 그곳에 간다.
그곳을 알고 있는데 왜 가는 것일까?
'관광'이라는 행위는
도대체 어떤 행위인가?
이는 충분히 고민할 가치가 있다.

:

인터넷이 등장하고 사람들은 오배와
멀어졌다. 한 번만 클릭하면
원하는 정보를 얻고 아는 듯한
착각에 빠진다. 시행착오를 거치고
뜻밖의 일을 겪을 가능성이 줄어들었다.
그 가능성을 늘리고 싶은 것이
나의 철학이다.
겐론 카페는 쓸모없는 것으로 가득하다.
겐론 카페에서 나누는 얘기는 잡담이다.
그 쓸모없는 정보가 사람들에게
뜻밖의 사고를 자극하고
결과적으로 새로운 것을 낳는다.

5:

사상의 패배로서의 포스트모더니즘,

근대적 주체가 될 수 없는 시대의 주체

안천 『관광객의 철학』에서는 칼 슈미트, 한나 아렌트를 논하면서 그들의 인간관을 '개인 ->사회(국가)->보편'이라는 헤겔의 변증법적 틀에 환원되는 근대적 인간관으로 해석하고, 변증법적 구도에 환원되지 않는, 즉 '국가'를 경유하지 않고 보편에 이르는 길을 만드는 행위자로서 '관광객=우편적 다중'을 제시했다. 과거에 포스트모더니스트가 시도했던 '해체'와 유사한 점이 있는데, 동시에 같은 책에서 포스트모더니스트를 향해 "아무것도 해체하지 않았고, 아무것도 바뀌지 않았다. 나는 이 상황에 사상의 패배를 느낀다"며 강하게 비판하기도 했다. 일본의 문맥을 공유하지 않는 한국 독자들에게 '포스트모더니즘' 같은 사상 조류는 설령 과거의 조류일지라도 유효한 맥락을 갖는다고 본다. 그런 점에서 아즈마 씨는 포스트모더니즘에 대해 어떤 견해를 갖고 있는지 묻고 싶다.

아즈마 가짜 뉴스(fake news), 포스트 트루스(post-truth) 등 오늘날 세계에서 목격되는 현상은 극히 포스트모던적인 사회 현상이다. 이런 현상을 분석하기 위해 포스트모더니즘이 내놓은 용어는 유효하다. 포스트모더니즘이 함유한 철학적 잠재력은 아직 충분히 발현되지 못하고 있다. 들뢰즈, 데리다, 푸코 등은 여전히 논할 가치가 있다.

하지만 정말 중요한 것은 어떤 주장을 하느냐가 아니라 어떤 '실천'을 하느냐다. 들뢰즈를 읽고 '유목민(nomad)'이 중요하다는 사실을 깨닫고 '유목민이 중요하다는 논문을 쓰는 것'과 '유목민적 행위를 하는 것'은 전혀 다르다. 그런데 대부분의 포스트모더니스트는 이 차이에 너무 둔감하다. 자기 사상을 어떻게 실천할 것인가를 놓고 아무런 아이디어가 없는 것이 포스트모더니스트가 갖는 최대 약점이다. 급진적인 주장을 하고 있지만, 그 말을 하는 곳은 '대학'이라는 보호막 안이다. 그들이 '문화 좌익'이라는 비판을 받는 이유다. 대학에서 급진적인 좌파적 주장을 하는 것과 현실에서의 좌파적 실천은 직접적인 관계가 없다.

포스트모더니스트는 일본뿐 아니라 세계적으로도 같은 경향을 보인다. 결과적으로 포스트모더니즘에 대한 사회적 신뢰를 훼손했다고 생각한다. 포스트모더니즘은 내용의 관점에서 보면 여전히 많은 가능성을 품고 있다. 하지만 포스트모더니스트의 행동을 보면 포스트모더니즘의 사회적 신뢰가 떨어지는 것은 당연한 듯하다. '개인->국가->보편'이라는 헤겔의 변증법적 성장 모델로 환원되지 않는 시민의 연대가 중요하다고 주장할 거라면 그런 연대가 실현되는 공간을 만들어야 한다. 시민의 연대가 중요하다고 대학에서 주장해봤자 대학이 본래 말을 하는 공간이므로 아무 의미 없다. 포스트모더니즘에서 중요한 것은 '실천'이다.

안천 포스트모더니스트의 인식과 실천 사이에 괴리가 크다는 것인가?

아즈마 그들은 주장과 행동이 너무 다르다. 전 세계

인문학 연구자들이 입으로는 국가를 비판하지만, 대학에서 인문학 전공을 유지하기 힘든 상황에 처했을 때 그들은 국가에 보조금을 더 달라고 요구한다. 앞뒤가 안 맞지 않나? 한편으로는 국가를 비판하고, 국가로부터 자유로운 지적인 연대를 주장하고, 다른 한편으로는 그런 주장을 할 공간을 유지하기 위해 국가에 보조금을 요구하는 것 말이다. 그런데도 모두 모른 척한다. 그러니 신뢰를 잃을 수밖에. 겐론 같은 활동을 하는 것이 포스트모더니즘의 진정한 논리적 귀결이 아닐까?

안천 "포스트모더니즘에서 중요한 것은 '실천'이다"라는 주장이 아니더라도 글과 말만으로 진보적인 입장을 외치는 대학과 언론의 사람들은 위선적이라는 생각이 든다. 동시에 '글과 말은 아무 효용을 갖지 못하는 것인가'라는 슬픈 생각이 드는 것도 사실이다.

아즈마 말은 무력하지 않다. 말은 오배, 쓸모없음의

보고다. 우리는 오배 속에서 살고 있다. 그래서 풍요롭다. 겐론을 찾아오는 사람들은 실로 다양한 연령대와 직업을 갖고 있다. 처음부터 철학에 관심을 갖고 있는 사람들도 아니었다. 그런데 겐론에 오게 되었다.

철학은 이런 사람들에게 말을 건네야 한다. 바른 것을 알고 있는 사람에게 바른 말만 전하는 것은 철학이 아니다.

안천 2012년 『일반의지 2.0』 한국어판 간행에 앞서 만났을 때 아즈마 씨는 내게 '모던/포스트모던'을 구분하는 인식의 틀이 중요하다고 말했다. 『관광객의 철학』에서는 '모던/포스트모던' 구분이 '국가/글로벌'이라는 변증법적 관계를 맺지 않고 병존하는 이중 구조로 발전해서 오늘날 아즈마 씨의 세계 인식으로 제시되고 있다. 이러한 이중 구조의 현실에서 국가와 이념 같은 거대 담론에 바탕을 둔 근대적 주체가 되는 길(헤겔적 인간관)을 거부하면서 주체가 될 수 있는 방법은 무엇일까? 다시 말하자면 어떻게 '보편'을 만들 수 있는가를 묻고 이에 답하는 것이 『관광객의 철학』의 핵심이라고 생각한다. 나는 그 물음에 절실함이 배어 있다고 느꼈는데, 그런 질문을 던진 이유는 무엇인가.

아즈마 앞에서 말한 포스트모더니즘 비판과 같은 맥락이다. 거대 담론에 바탕을 둔 주체는 억압적이고 폭력적이어서 거부해야 한다고 주장한다. 하지만 정작 어떻게 하면 주체가 될 수 있는지에 대한 구체적이고 실천적 해답을 제공하지 않는 것이 포스트모더니즘의 문제점이다. 동시에 현실에서는 많은 사람들이 근대적 주체, 즉 국가나 이념을 경유하지 않은 채 성장해서 어른이 되고 소비자로 행동하고 있다. 스키조 키즈(분열증 아이), 오타쿠가 그렇다. 이 사람들은 포스트모더니스트가 자신들의 주장에 귀 기울일 것으로 여기는 대학의 지식인이나 인문학에 관심 있는 대학생과 상관없이 하위문화나 인터넷 공간에 있다. 『동물화하는 포스트모던』에서 이미 논한 것이기도 하다. "그렇다면 그들이 살아가는 방식과 그들의 존재 양식으로 도출할 수 있는 긍정적 교훈은 무엇인가?"라는 의문에 포스트모더니스트는 아무런 답을 하지 않는다. 오히려 포스트모더니스트는 그들을 '유치하다' '정치적 고민이 없다'고 가볍게 정리한다. 포스트모더니스트는 국가를 경유하지 않는 자유로운 연대를 운운하면서 현실에서는 국가를 경유하지 않고 어른이 되는 사람들을 무시한다.

그런 점에서 내가 『동물화하는 포스트모던』에서 했던 주장을 『관광객의 철학』에서는 방법을 바꿔서 했다고 볼 수 있다. 이중 구조에 대한 논의도 『동물화하는 포스트모던』에서 논했던 동물적 측면과 인간적 측면의 분리적인 공존과 이어진다. 사람들은 이 부분을 주목하지 않고 '사람이 동물이 되어야 한다는 건가?' 식으로 받아들였지만, 그때 제시했던 인식의 틀을 지금의 사회에 적용한 것이 『관광객의 철학』의 이중 구조다.

우리는 국가나 이념 같은 거대 담론을 거쳐

성숙한 어른이 된다는 스토리를 전제로 주체를 구성하는 '나'가 있다. 반대로 자신이 일본인 또는 한국인임을 자각하지 않고 오직 쾌락이 이끄는 대로 소비자로 행동하는 '나'가 있다. 둘 중 우선하는 하나가 있는 게 아니라 모두 한 사람 안에 공존한다. 이것이 21세기의 주체다. 따라서 둘의 균형을 어떻게 잡아갈 것인지가 중요한 과제다.

근대 논리에 따르면 후자인 동물적 주체는 억압의 대상이었고 성숙하는 과정에서 극복해야 할 대상이었다. 그러나 지금은 그 자체가 매우 억압적이라는 것을 알게 되었다. 지금은 가정 폭력, 괴롭힘, 학대가 사회 이슈가 된다. 그러나 과거에는 사적인 문제로 공적 영역에서 다루기에는 부적절한 문제로 여겼다. 공적 공간에서는 마치 그런 문제가 없는 것처럼 여기고 정치나 국가 같은 문제만 다뤄야 한다는 인식이 '성숙한 시민상'이었다. 인간의 측면과 동물의 측면을 분할했다. 지금은 이 분할 자체가 폭력이라는 인식이 퍼지고 있다. 괴롭힘, 학대,

가정 폭력은 인간이 동물적인 측면을 완전히 억압하지 못한다는 것을 보여준다. 인간은 때로 자신의 감정을 조절하지 못하고 동물적 욕구를 우선해 비논리적인 행동을 하고 만다. 그런 측면도 인간을 구성하는 중요한 요소다. 그것이 사회 형태에 영향을 미친다는 사실을 성찰할 필요가 있다.

이는 인간의 동물적 측면을 그대로 인정하자는 말이 아니다. 이를 관리해야 한다. 하지만 관리하려면 이를 억압하고 보이지 않게 하는 방법을 취해서는 안 된다. 인간의 '인간적 측면/동물적 측면'의 관계를 위계적으로 파악하는 게 아니라 양쪽을 서로 다른 원리에 입각해 작동하는 것으로 받아들여 둘이 어떤 관계에 있고 어떻게 균형을 유지하는지를 고민해야 한다. 『관광객의 철학』에서는 이런 주장을 했다. 인간의 동물적인 욕구를 적절히 유도하여 인간의 인간적인 측면을 성장하게 하는 수단으로 '관광'을 활용할 수 있다는 것이 내 생각이다. 관광을 통해 인간의 동물성은 인간의 인간성으로 '오배'될 수 있다고 생각한다.

:

어떤 주장을 하느냐보다
어떤 '실천'을 하느냐가 더욱 중요하다.
대부분의 포스트모더니스트는
이 차이에 둔감하다.
자기 사상을 어떻게 실천할 것인가를 놓고
아무런 아이디어가 없는 것이
포스트모더니스트의 최대 약점이다.
그들은 급진적인 주장을 하지만,
그 말을 하는 곳은
'대학'이라는 보호막 안이다.
대학에서 급진적인 좌파적 주장을
하는 것과 현실에서의 좌파적 실천은
직접적인 관계가 없다.

:

거대 담론에 바탕을 둔 주체는
억압적이고 폭력적이어서
거부해야 한다고 주장한다.
하지만 어떻게 하면
주체가 될 수 있는지에 대한
구체적이고 실천적 해답을 제공하지
않는다.
그것이 포스트모더니즘의 문제점이다.
현실에서는 많은 사람들이
국가나 이념을 경유하지 않은 채
성장해서 어른이 되고 소비자로 행동한다.
그들은 하위문화나 오타쿠 영역에 있다.
그런데 포스트모더니스트는
그들을 '유치하다'
'정치적 고민이 없다'고 정리한다.

6:

콘텐츠에서
메커니즘으로

안천 『약한 연결』에서는 미국의 사회학자 마크 그라노베터의 '강한 유대관계/약한 유대관계'라는 '짝' 개념을 도입해 인간관계의 네트워크가 갖는 뜻밖의 특징과 효과를 강조하며 우연성에 열린 자세로 살아갈 것을 제안했다. 『관광객의 철학』에서는 던컨 와츠 등의 '스몰 월드'나 알버트 바라바시의 '무척도(스케일 프리)' 등 본격적인 네트워크 이론을 구사해서 말 그대로 현재 사회의 구조를 근본적으로 다시 파악하고 있다. 이는 기존의 인문학이 거의 제시한 적이 없었던 사회와 개인의 관계성이 존재한다는 것을 시사해서 심도 있는 논의가 전개될 것으로 기대를 모은다. 네트워크 이론과 인문학의 접맥은 향후 생산적인 사회 담론을 낳을 가능성이 크다. '발터 벤야민이 우리 시대를 살고 있다면 이런 유형의 연구를 하지 않을까'라는 생각도 해본다. 기존의 인문학은 인간과 사회의 관계성을 다층적으로 사고하는 것을 최우선으로 삼는 학문인데도 네트워크 이론 같은 과학 분야의 새로운 성과를 도입하지 못했다. 그 이유는 무엇이라고 보는가?

아즈마 나도 궁금하다. (웃음) 나에게 영화를 보는 것과 게임을 하는 것은 굉장히 다른 체험이다. 하지만 둘 다 영상이라는 점에서 영화 이론으로 게임을 논할 수 있다고 본다. 또는 소설을 읽는 것과 라이트 노벨을 읽는 것은 전혀 다른 행동 유형이지만 둘 다 소설이라는 점에서 같은 방식으로 접근할 수 있다. 언뜻 보기에는 비슷하지만 소비자의 소비 양식이 전혀 다르다는 것을 인문학 연구자들이 간과하는 듯하다. 따라서 오래된 이론으로 계속 새로운 현상을 분석할 수 있다는 인식을 버리지 못한다.

『동물화하는 포스트모던』에서 '2차 창작'이라는 개념을 논했다. 가령 만화가 있으면 고전적으로 접근하는 연구자는 만화 콘텐츠를 독해할 뿐, 만화 주변에 형성된 관계망에는 관심을 갖지 않는다. 이 만화가 어떤 형태로 소비되는지, 만화를 읽은 오타쿠가 어떤 2차 창작을 하는지를 간과하고 작품을 논한다. 작품만으로 판단하기 때문에 소비자가 그 작품을 어떻게 활용하는지, 구체적으로 말하자면 작품

주변에 어떤 문맥이 생겨나고, 그 문맥을 활용해 소비자가 어떤 행동을 하며, 그것이 갖는 의미는 무엇인지 파악하지 못하는 것이다. 그러나 『동물화하는 포스트모던』에서 강조한 것처럼 포스트모던 사회의 문화 현상은 작품이 아니라 '작품 소비자의 행위'를 시야에 넣을 때 비로소 전체 의미를 파악할 수 있다. 예를 들어보자. 트위터가 중요하다고 생각한 연구자가 트위터 콘텐츠를 연구하겠다고 누군가의 트윗을 프린트해 연구한다고 치자. 그렇더라도 트위터가 갖는 진정한 의미를 논하지 못할 것이다. 트위터에 올린 글은 트윗하는 타이밍, 리트윗을 비롯한 반응 등 다양한 '문맥'을 이해했을 때 의미를 파악할 수 있기 때문이다. 이런 인식을 가질 때 방금 질문한 네트워크 이론이 유효하다. 반대로 인문학 연구자들이 콘텐츠만을 중시하는 기존의 연구 방법에서 벗어나지 않는 한 그들은 이런 분야에 관심을 갖지 않을 것이다.

안천 여러 가지 중요한 주제를 말씀해주셨다.

이제 '2차 창작'과 '인문학 연구 방법'이라는 질문을 드리려고 한다. 『동물화하는 포스트모던』에서 논의한 '2차 창작' 개념은 SNS, (모바일) 게임을 넘어 스마트폰이 일상으로 들어온 지금 바뀌었다고 생각한다. 아즈마 씨가 이론을 제기했던 시절을 '인터넷'으로, 지금을 '포스트 인터넷'이라는 키워드로 바라보면 엄청난 변화가 이루어졌다는 생각이 든다.

아즈마 내 생각은 다르다. 지난 20년 동안 본질적인 변화는 일어나지 않았다고 생각한다. SNS와 스마트폰의 출현은 세계의 포스트모던화, 소비자의 동물화를 여전히 강화하는 현상이다.

안천 또 하나의 질문을 던진다. 인문학이 기존의 연구 방법을 탈피하지 못하면 현실을 직시하지 못할 거라는 말인가?

아즈마 인문학은 그동안 확립해온 연구 방법이 있다. 그 방법을 여러 대상에 적용할 수도 있다. 그러한 방법론적 보편성이 있어서 지금까지와는 다른 새로운 현상이 대두해도 '게임은 영화의 새로운 장르' '라이트노벨은 문학의 새로운 장르' '만화는 미술의 새로운 장르' 같은 차원으로 해석하는 데 그친다. 게임, 라이트노벨, 만화를 통해 새롭게 나타난 소비 행동과 소비 양식의 근본적인 변화를 보지 못한다. 『동물화하는 포스트모던』을 간행한지 20년 가까이 지났으니 조금은 바뀌었길 바라지만 일본도 이 점은 여전히 부족하다. 이 문제는 콘텐츠와 커뮤니케이션(아키텍처)이라는 틀로도 접근할 수 있다. 인문학은 콘텐츠를 연구하는 학문으로 '작품'이라 불리는 명확한 경계를 가진 대상을 심도 있게 읽어나간다. '니코니코 동영상'이 재미있다고 하면, 인문학자는 니코니코 동영상에 올라온 콘텐츠 가운데 무엇을 볼지를 생각한다. 그러나 니코니코 동영상은 콘텐츠가 재미있다기보다 콘텐츠와 관련된 주변 기능을 통해 다양한 행위자가 커뮤니케이션한다는 메커니즘이 재미를 만든다. 여기에 결정적 차이가 있다.

안천 인문학이 구축해온 방법론이 콘텐츠 독해를 목적으로 한 것이어서 커뮤니케이션의 의미를 간과하는 경향이 있다는 건가?

아즈마 그렇다. 특히 정보기술과 관련된 현상은 콘텐츠가 갖는 의미가 별로 없다. 유튜브가 놀라운 것은 거기에 올라온 동영상이 놀라워서가 아니다. 플랫폼의 혁신, 커뮤니케이션 방식의 혁신이 핵심이다. 그 메커니즘에 흥미를 느끼는 감성이 있느냐 없느냐가 중요하다.

이는 심각한 문제다. 나는 '겐론 스쿨'이라는 일종의 학교를 운영하고 있는데, 이런 활동을 하면 얼마나 뛰어난 인물이 나오느냐고 묻는 사람이 있다. 솔직히 뛰어난 인물이 나올지 안 나올지 알 수 없다. 중요한 것은 그런 새로운 공간을 만들면 그 장르가 활성화된다는 것이다. 나는 메커니즘을 만들고 있다. 그런데 콘텐츠에만 관심 있는 사람은 아무리 설명해도 그 중요성을 모른다. 개인적인 경험으로는 특히 출판사의 편집자가 그렇다. 그런 이야기를 들을 때마다 내가 뜻하는 것을 이해받는 것이 쉽지 않다는 것을 느낀다.

나는 비평이나 인문학을 활성화하려면 필자보다 '독자'를 만드는 것이 중요하다고 생각한다. 독자가 없다면 당연히 필자도 존재하지 않는다. 지금 일본에서 비평이나 인문학이 쇠퇴하는 것은 독자가 줄어서이다. 독자를 늘려야 한다. 비평이나 인문학에 관심을 갖는 사람을 만들어야 한다. 그런 의도로 겐론이나 겐론 스쿨을 운영하는데 이해해주는 사람이 없다. 뛰어난 논문을 읽고 싶다, 깜짝 놀랄만한 사람이 나타나면 좋겠다고 말하는 사람은 많다. 하지만 독자를 창출하는 실천의 중요성을 이해하는 사람은 별로 없다. 이것이 인문학의 쇠퇴 이유다. 미래의 인문학을 고민한다면 콘텐츠에서 '플랫폼'과 '아키텍처'로 발상을 전환해야 한다. 그것이 이론적으로도 실천적으로도 중요하다.

안천　　　나 역시 인간이 지금-여기의 상황을 심도 있게 통찰하려면 그 방향으로 관심을 전환할 필요가 있다고 본다.

아즈마　　　인문학이 살아남으려면 인문학이 살아남을 수 있는 메커니즘을 어떻게 구축할지를 고민해야 한다. 어느 날 갑자기 천재 인문학자가 등장해주기를 꿈꿀 때가 아니다. 정말 그런 사람들이 있다. 대단한 사람이 등장해주기를 막연히 기대하는 사람. 그런 사람은 나에게도 『관광객의 철학』 다음에는 어떤 책을 쓸 거냐고 묻는다.

『관광객의 철학』은 겐론과 겐론 카페를 통해 내가 하고 있는 실천과 떼려야 뗄 수 없는 관계다. 그 실천을 해왔기 때문에 쓸 수 있었다. 내용도, 출간에 이르기까지의 형식도 그렇다. 『관광객의 철학』은 겐론과 겐론 카페에서의 실천과 한 세트로 읽히기를 바란다. 그러한 관계성을 전혀 이해하지 않은 채 "다음에는 어떤 책을 쓸 것인가?"라는 질문을 받으면 힘이 빠진다.

다행히 이해해주는 사람도 있다. 감사하게도 최근에 『관광객의 철학』이 <마이니치 출판문화상>을 수상했다. 시상식에서 심사위원장이었던 와시다 기요카즈(鷲田清一) 씨가 겐론이라는 회사와 겐론 카페가 전개하는 활동을 언급해줘서 영광스러웠다. 내가 쓴 책이 상을 받은 적은 이전에도 있었지만, 지금까지 실천해온 활동을 포함해서 평가를 받았다는 점에서 이번에는 감개무량했다. 한국에서 나올 책의 제목은 『관광객의 철학』이라고 들었는데, 일본에서는 왜 『겐론 0』이라는 이상한 제목인지 한국 독자들도 알아주었으면 한다. 이 책은 무엇보다 겐론이 시도해온 활동의 철학적 근간을 담은 책이다. 이 책이 계기가 되어 한국에서도 겐론과 겐론 카페 같은 실천을 하는 사람이 등장하기를 바란다. 만약 그런 분이 등장한다면 뜨거운 마음으로 연대하고 싶다.

물론 일본과 한국의 논단 사이에는 여전히 과제가 많다. 한국에서는 일본 서적이 제법 번역되어 읽히지만, 일본에서는 한국에서 어떤 책이 읽히는지, 어떤 논의가 이루어지는지 거의 알 수 없다. 일본의 겐론과 유사한 활동을 하는 한국의 실천 주체가 있다면 두 나라 사이에서 편 가르기 식 대립을 뛰어넘은 새로운 관계를 만들 수 있다. 두 나라의 관계는 늘 정치가 담론을 지배해왔다. 대학이나 출판사도 그 틀에서 자유롭지 않다. 이런 환경에서는 겐론 같은 '탈정치적'인 풀뿌리 차원에서 교류하는 것이 현실적이라고 본다.

안천 아즈마 씨가 운영하는 겐론은 1인 출판, 독립 출판 범주로 해석할 수 있다. 이 책을 한국에서 펴내는 '북노마드'도 1인 출판사다. 발행인이 미술대학 겸직교수로 일하다가 스스로 그만둔 것도, '북노마드 미술학교'라는 대안적 교육 기관을 운영하는 것도 비슷하다. 한국의 독립 출판, 독립 서점은 경제 불황 시대에 청년들의 현실 돌파구, 현실 자조, 자영업 개념이 강하다.

아즈마 씨가 바라보는 일본의 독립 출판이 궁금하다.

아즈마 겐론은 다른 출판사와 교류가 있는 편이 아니어서 일본의 독립 출판을 말할 입장이 아니다. 그럼에도 북노마드와는 비슷한 시도를 함께하고 있다는 생각이 든다. 공동 작업을 할 수 있어서 기쁘다.

:

고전적으로 접근하는 연구자는

만화 콘텐츠를 독해할 뿐,

만화 주변에 형성된 관계망에

관심을 갖지 않는다.

만화가 어떤 형태로 소비되는지,

만화를 읽은 오타쿠가

어떤 2차 창작을 하는지를 간과한다.

포스트모던 사회의 문화 현상은

작품이 아니라

'작품 소비자의 행위'를

시야에 넣을 때

핵심에 다가갈 수 있다.

:

인문학은 게임, 라이트노벨,

만화를 통해 새롭게 나타난

소비 행동과 소비 양식의

근본적인 변화를 보지 못한다.

인문학은 콘텐츠를 연구하는 학문이다.

그러나 정보기술과 관련된 현상은

콘텐츠가 갖는 의미가 없다.

플랫폼의 혁신, 커뮤니케이션 방식의

혁신이 핵심이다.

그 메커니즘에 흥미를 느끼는

감성이 있느냐 없느냐가 중요하다.

미래의 인문학을 고민한다면

'플랫폼'과 '메커니즘'으로

발상을 전환해야 한다.

7:

근대화의 변경에서

안천　　아즈마 씨는 겐론의 편집장으로 《겐론》이라는 사상지를 간행하고 있다. 그 지면을 통해 한국 현대미술이나 다크 투어리즘을 논하고, 한국의 비평을 두 번에 걸쳐 번역 게재했으며, 최근에는 러시아 현대사상 특집을 꾸미는 등 일본에 소개되지 않은 나라의 인문학적 성과를 다루고 있다. 대형 출판사의 문예지도 그런 기획을 하지 않는데, 겐론에서 그런 시도를 하는 이유는 무엇인가?

아즈마　　영어권, 독일어권, 프랑스어권은 일본에 전문가가 넘쳐난다. 그만큼 많은 책들이 번역 출간되어서 겐론 같은 독립 출판사가 만드는 잡지까지 그런 주제를 다룰 필요가 없다고 보았다. 무엇보다 나는 원래 '변경(邊境)'에 관심이 많다. 변경에서 진행되는 근대화에 관심이 간다. 일본 자체가 세계의 변경이고, 한국과 러시아도 크게 보면 변경이라고 할 수 있다.

나의 윗세대는 일본이 서구와 바로 연결되었으니 서구에서 최첨단 지식을 수입해서

뒤를 좇는 방식으로 사상을 파악했다. 그러나 나는 서구에서 탄생한 사상이 전파되는 과정을 '각각의 사회에서 다양한 모습으로 변형되는 과정'으로, 나아가 그 변형된 사상이 서로 영향을 주면서 또 다른 모습으로 바뀌는 과정으로 파악한다. 사상의 최전선을 소개하고자 하는 마음이 나에겐 없다. 아니, 애초에 최전선이라는 생각이 내게는 없다. 지금처럼 여러 형태로 변형된 것을 다양한 방식으로 조합하고 싶다.

안천　　그러한 사고방식은 2차 창작과도 연관이 있어 보인다.

아즈마　　동의한다. 내가 세계에 갖고 있는 이미지, 철학의 기본적인 태도다. 최첨단/최전선에 있는 누군가를 뛰어넘겠다고 생각하기보다 그것을 잘못 해석한 주변 사람들을 바라보는 게 재미있다. 일본도, 한국도, 중국도, 러시아도 서양 근대의 2차 창작을 해왔다. 아니, 서양 이외의 모든 나라가 그렇다. 그런 2차 창작을 접맥시키는 것이

오리지널을 뛰어넘을 힘을 갖는다고 생각한다. 그 생각을《겐론》에 반영하고 싶다. 그런 점에서 나는 좀 특이할지도 모르겠다. 중심에 위치하겠다는 생각은 없고, 중심에서 조금 벗어난 지점에 있고 싶으니까.

안천 　　좌우 양극 어느 쪽도 아닌 장소에 있고 싶다는 이야기와도 맞물린다.

아즈마 　　어쩌면 철학자란 그런 존재가 아닐까. 좌우 양극 어디도 아닌 지점, 아군도 적군도 아닌 지점. 이는 소크라테스가 서 있었던 지점이다. 2010년대 후반의 세계를 보면 그런 입장에서 바라보고 실천하는 것이 더욱 중요해지고 있음을 실감한다. 이 시대만큼 철학이나 비평이 절실한 적은 없었다.

그런데 안타깝게도 많은 사람들은 철학이나 비평이 어느 한쪽에 서는 거라고 여긴다. 그 생각부터 바꾸는 활동을 하고 싶다.

안천 　　아즈마 씨의 등장도 그랬지만, 어느 국가나

사회를 막론하고 사람들은 '스타 지식인'에게 많은 것을 요구한다. 동시대를 평가해주기를 바란다. 아사다 아키라, 미타 무네스케, 오사와 마사치, 미야다이 신지, 후루이치 노리토시, 사사키 아타루, 지바 마사야 등 일본은 그 경향이 더욱 강한 듯하다. 반면 아즈마 씨는 스스로 저명한 지식인의 길에서 벗어나려는 것처럼 보인다. 그것이 우리 시대의 다음 화두와 연관 있다는 생각이 든다.

아즈마 일본은 '스타 지식인'이 나타나길 바라는 경향이 여전히 강하다. 겐론 카페도 그런 분이 등장하면 손님이 확 늘어난다. 겐론도 비즈니스여서 어느 정도는 현실에 맞춘다. 그러나 개인적으로는 하루 빨리 그런 카테고리를 벗어나 '독립된 철학자'로 평가받고 싶다.

철학은 본래 동시대 현실에 직접 대응하는 학문이 아니다. 오히려 현실과 거리를 둔다. 그 거리 때문에 다른 사람에게는 보이지 않는 현실의 다른 측면을 볼 수 있다. 철학과 현실의 관계는 이런 것이다. '스타 지식인'을 바라는 사람들은 철학에 본질적인 오해를 하고 있는 건지도 모른다.

안천　　스스로 자신의 감각이 낡았다고 생각한 적이 있나?

아즈마　　늘 그렇게 느낀다. 나는 곧 50살이다(웃음). 젊은 척할 수도 없고, 그래서도 안 된다.

안천　　마지막으로 아즈마 씨의 책을 읽는 한국 독자들에게 메시지를 부탁한다.

아즈마　　한국에 내 이름이 어느 정도 알려져 있는지 나는 모른다. 아마 그리 알려져 있지 않을 것이다. 알려졌다 해도 포스트모더니스트의 잔당이고, 정치적으로는 기회주의적인 오타쿠 철학자로 인지되어 있을 것 같다. 실제로 일본 학자 가운데 나를 이렇게 비판하는 사람이 많다.

하지만 이는 오해다. 아마도 나는 일본에서 가장 포스트모더니즘 철학을 우직하게 받아들여 그 실천의 가치를 적극적으로 고민하는 철학자이자 비평가이다. 앞에서 포스트모더니즘을 논하며 얘기했듯이 일본의 대부분의 학자들은 아무런 실천도 하지 않고 말로만 급진적인 주장을 한다. 나는 이를 비판해왔다. 그래서 그들에게 비판을 받는다.

다만, 나의 비평적 실천은 사람들이 일반적으로 떠올리는 '정치적 실천'이 아니다. 기자 회견도, 서명 운동도, 데모도 하지 않는다. 그래서 쉽게 인지되지 않는다. 특히 일본 바깥에서는 알기 어렵다. 하지만 그 실천은 지금까지 말한 것과 같은 의미를 갖는다. 데모하는 것만이 연대의 실천이 아니다. 21세기의 소비 사회는 데모와는 다른 형태의 다양한 연대 방식이 있다. 이를 어떻게 조합하여 어떤 새로운 공간을 만들 것인가? 내 책은 이 실천의 일부다.

한국에는 겐론도 겐론 카페도 알려져 있지 않다. 나의 책도 다른 사람들의 책과 같이 책장에 꽂혀 있을 뿐, 그다지 차이를 느끼지 못할 것이다. 그러나 만약 이 인터뷰가 조금이라도 흥미로웠다면 도쿄에 오면 부디 겐론 카페를 찾아와주길 바란다. 한국에도 겐론 카페 같은 공간을 만들기 바란다. 언제라도 연대하고 싶다.

:

나는 '변경'에 관심이 많다.
변경에서 진행되는 근대화에 관심 있다.
나는 서구에서 탄생한
사상이 전파되는 과정을
'각각의 사회에서 다양한 모습으로
변형되는 과정'으로,
그 변형된 사상이
서로 영향을 주면서 또 다른 모습으로
바뀌는 과정으로 파악한다.
지금처럼 여러 형태로 변형된 것을
다양한 방식으로 조합하고 싶다.
철학의 기본적인 태도는 '2차 창작'이다.
그 2차 창작을 접맥시키는 것이
오리지널을 뛰어넘을 힘을 갖는다.
그 생각을《겐론》에 반영하고 싶다.

:

나는 중심에 위치하겠다는 생각이 없다.
중심에서 조금 벗어난 지점에 있고 싶다.
철학자란 그런 존재가 아닐까.
좌우 양극 어디도 아닌 지점,
아군도 적군도 아닌 지점.
실천하지 않고 말로만 주장하는
철학을 믿어서는 안 된다.
지금 우리는 포스트모더니즘을
어떻게 실천할지를 고민해야 한다.
해커들의 커뮤니티,
인터넷의 크라우드 펀딩,
오타쿠 커뮤니티.
그런 실천은 하위문화,
그 이상의 의미를 지닌다.

해제

아즈마 히로키와의 만남—

박가분

최초의 만남

글을 시작하기에 앞서, 우선 한국어 독자들과 아즈마 히로키의 만남에 존재하는 미묘한 어긋남을 지적하지 않을 수 없다.• 그동안 아즈마 히로키는 '대중문화 비평가' 혹은 '서브컬처 사상가'라는 이미지로 한국에서 수용되었다. 2000년대까지 필자에게도 아즈마 히로키는

•

처음에는 아즈마 히로키를 한국어 독자에게 해설해야 한다는 생각으로 글을 쓰려 했지만 곧 그것이 불가능하다는 것을 깨닫게 되었다. 다른 언어를 사용하는 외국인의 사상을 그 문헌의 전모를 접근할 수 없는 상태에서 '해설'한다는 것은 불가능에 가깝다. 그러므로 나는 이 곤란함을 인정하는 것에서부터 출발하지 않을 수 없다. 앞으로 전개될 글을 '해설'이라기보다는 한국어로 번역된 그의 일부 저작과 인터뷰, 그리고 몇 가지 단편적 대화에 기반한 '독후감'으로 봐주었으면 한다.

그런 인상으로 남아 있었다. 물론 이것은 그 자체로 틀린 인상은 아니다. 하지만 그것이 그의 사상적 '전모'가 아니라는 점은 충분히 지각되지 못했다.

이것은 현대 일본의 사상이 주로 문예적 형태로 수입된 사정과 무관하지 않으리라 본다. 예컨대 한국에서 널리 읽혔던 가라타니 고진 역시 한동안은 철학자가 아닌 문예비평가로 수용되었듯이, 아즈마 히로키 역시 서브컬처 문예비평이라는 협소한 틀에서 수용되었다. 예컨대 한국어로 처음 번역된 그의 저서는 오타쿠 서브컬처 비평을 본격 전개한 『동물화한 포스트모던』(2007)이었다. 물론 이것은 이것대로 국내 서브컬처 소비자=독자에게 강렬한 인상을 남기긴 했다.• 한편 그의 젊은 시절 출세작이자 자크 데리다에 대한 철학적 비평인 『존재론적, 우편적』(2015)은 훨씬 뒤늦게 번역되었다. 필자 역시 주요 단행본 중에서는 이 책을

•

이후에도 그의 저작은 『퀀텀 패밀리즈』(2011) 『게임적 리얼리즘의 탄생』(2012) 순으로 소개되었다.

가장 나중에 읽었다. 나중에 더 상술하겠지만 『존재론적, 우편적』에서는 야심찬 사상가인 그의 또 다른 면모를 확인할 수 있다. 이러한 시간적 간극을 고려할 때, (아즈마 히로키의 용법을 빌리자면) 한국에서 그의 사상은 일정 부분 '오배'된 것이나 다름없다.

그의 초기작이 뒤늦게 번역된 것이 다소 아쉬운 이유는 그의 책이 한국에 처음에 번역된 해(2007년)만 하더라도 현대 사상에 대한 대중의 관심이 (일본의 1980~1990년대 '뉴아카 붐'에 비할 만한 것은 아니지만) 일정 부분 남아 있었기 때문이다. 예를 들어 당시 대학가에서는 『철학과 굴뚝 청소부』가 인문계에서는 필수 교양서처럼 읽히고 있었다. 이때 데리다뿐만 아니라 현대 사상에 대한 논의 전체를 단숨에 조망한 그의 초기작이 번역·출간되었다면, 어쩌면 아즈마 히로키의 수용은 지금과 전혀 다른 경로를 밟았을지도 모른다. 그러나 지나간 일은 지나간 일이므로, 이하의 논의에서는 역으로 이러한 '어긋남' 자체를 보다 생산적인 방식으로 독해할 필요가 있겠다.

철학자로서의 면모

아즈마 히로키의 저작과 발언에는 공통적으로 '인간은 근본적으로 의사소통 환경에 조건 지워져 있다'는 주제의식이 일관되게 흐르는 것처럼 보인다. 예를 들어 『약한 연결』에서 그는 다음과 같이 말하고 있다.

> "우리는 환경에 규정되어 있다. '유일무이한 개인'은 존재하지 않는다. 우리가 생각하는 것, 떠올리는 것, 욕망하는 것은 대체로 환경으로부터 예측 가능한 것에 지나지 않는다. 당신은 당신의 환경으로부터 예상할 수 있는 변수의 집합일 뿐이다."•

일견 후기구조주의의 클리셰처럼 느껴지지만 곱씹어볼수록 이러한 인식이야말로 그의 사상적·실천적

•
아즈마 히로키, 『약한 연결』, 안천 옮김, 북노마드, 2016, 11쪽

궤적을 가장 심층적으로 규정하는 것으로 생각된다. 또한 인터뷰의 다른 곳에서 아즈마 히로키는 비슷한 주제의식을 '의식'과 '의식 외부'의 대립으로 변주해서 말하고 있다.

> "나는 철학이나 문학 분야의 문제 설정 자체가 전도돼 있다고 느껴왔다. 의식에서 출발해서 '의식 외부'를 향하는 유형의 논리 구성 자체가 전도돼 있다. 우리는 오히려 의식 외부에서 시작해야 한다. 동물성, 일종의 기계적 제어, 물질로서의 신체 등에서부터 시작해야 한다."

이때 그가 '의식 외부'의 존재(물질성, 신체성, 기계적 제어 등등)를 지적하며 거기서 출발해야 한다고 말하는 것은 그 자체로는 흥미롭지 않다. 이미 많은 현대 사상가들이 비슷한 말을 했기 때문이다. 다만 아즈마 히로키의 독특함은 그가 이 '의식 외부'를 바로 '의사소통의 환경'으로 일관되게 생각해왔다는 점에 있다. 가령 정치적 언설이든, 철학적 언설이든, 비평적 언설이든, 우리는 보통 의사소통 환경이 잘 정비된 상태를 전제하고서 논의를 전개한다. 반대로 아즈마 히로키는 실제로는 그러한 조건이 확보되어 있지 않다는 회의에서 출발한다. 그는 어떤 영역의 문제를 다루든 이 같은 각도로 문제에 접근한다.

여기서 시계를 거꾸로 돌려 현대 사상의 문제를 정면으로 다루었던 시절(1990년대 후반)의 아즈마 히로키로 돌아가보자. 논의의 구도를 대강 그리면 다음과 같다. 한때 우리가 일상적으로 사용하는 개념의 본질적 의미를 철학적 반성을 통해 확정할 수 있으리라 소박하게 생각했던 시절이 있었다(형이상학). 하지만 현대 사상은 아무리 반성을 거듭해도 단일한 의식이나 형식적 체계 내부에서 그 의미가 확정될 수 없는 명제(괴델), 존재자(하이데거), 시니피앙(라캉) 등등이 존재한다는 사태에 주목한다. 한편 아즈마 히로키는 이러한 현대 사상이 거꾸로 "의식의 외부" 혹은 "타자"를 쓸데없이 실체화·신비화(예컨대 하이데거의 '존재의 목소리')하는 함정에 빠지고 만 것을 비판한다. 그는 이후에도 그와 같은 사고방식을 "부정신학"• 이라고 비판한다. 한편 아즈마 히로키가 생각하는 '의식의 외부'란 단순히 말해 인간이 직면한 커뮤니케이션의 사회적·기술적·물질적 조건이다.

이러한 인식은 일찍이 후기 데리다의 탈구축(한국에서는 '해체'라는 말로 더 잘 알려진 용어) 전략을 비평한 다음과 같은 발언에 예비되어 있다.

> "언어가 글쓴이의 의도를 배반하고 다른 것을 의미해버리는 상황은 이제 발화자 측의

•

본래는 신에 대한 제한적이고 불완전한 규정을 부정하는 방식으로 신의 본성에 대한 고찰을 우회적으로 수행하는 기독교 신학 방법론을 의미한다. 여기서는 주체적 의식의 한계에 대한 통찰을 통해 역으로 그러한 의식 너머의 초월적 존재를 실체화하려는 철학적 사고 방법을 비판하는 용어로 사용되고 있다.

결정불가능성으로부터가 아니라 발신자와 수신자 사이에 펼쳐진 네트워크로부터 분석해야 한다."•

예컨대 데리다가 어떤 철학적 개념을 탈구축하는 과정을 해당 개념 자체의 의미를 통해서만 이해하려 하면 그것은 또 다른 형태의 관념론 혹은 신비주의가 된다. 이에 반해 아즈마 히로키가 보기에 탈구축은 철학적 개념에 대한 완전 동기화가 이뤄지지 않은 네트워크의 불완전성 때문에 나타나는 현상이다. 불완전 동기화된 네트워크(=우편공간) 속에서 개념의 의미는 끊임없는 재해석(=오배)의 가능성에 노출될 수밖에 없다. 이처럼 제아무리 반성적인 의식이라 해도 그것은 자신이 속한 의사소통의 네트워크를 완전히 통제하지 못하기 때문에 온전한 자기인식에 실패한다. 이런 관점 아래에서 아즈마 히로키는 "탈구축은 무엇보다도 세속적인 우편 공간의

•
아즈마 히로키, 『존재론적, 우편적』, 조영일 옮김, 도서출판b, 2015, 207쪽

통제 실패로부터 요청되는 것이다"[•] 라고 말하고 있다. 아즈마 히로키는 이러한 자신의 관점을 후기 데리다의 것으로 귀속시키며 이를 "우편적 사고"라고 명명한다.

이후 그는 아카데믹한 현대 사상에서 멀어지며 '우편적'이라는 술어를 거의 사용하지 않는 것으로 보인다. 하지만 이때 형성된 세계 인식은 지속된다.

다음 발언을 보자.

"우리의 퍼스펙티브에서는 현존재가 마주하는 내세계적 존재자의 총체, 하이데거의 술어로 '현(Da)'이라고 불리는 '세계' 자체는 복수의 회로와 리듬을 통과한 하이브리드한 정보의 다발로

•
앞의 책, 225쪽

구성되어 있다."•

현대 사상 용어로 현란하게 묘사된 이 같은 젊은 시절의 세계 인식은 이후 보다 평이한 용어로 변주된다. 즉 인간은 복수의 의사소통 회로에 사로잡힌 존재이며 이러한 회로의 네트워크 전체를 조망하는 시점을 획득하는 것은 원리상 불가능하다는 것이다.

•
앞의 책, 219쪽

여기서 잠시 (한국에서 널리 수용되었던) 가라타니 고진과의 비교를 통해 우회해보자. 두 사상가 모두 프랑스 현대 사상에서 출발했지만 어느 순간 그것을 사유의 족쇄로 인식하고 그 너머로 탈주하는 모험을 감행했다는 공통점을 공유한다. 그러나 역시 흥미로운 것은 둘의 차이점이다. 가라타니의 경우에는 『세계사의 구조』에서 웅변되는 것처럼 역사를 통해 형식화된 관념 바깥으로의 탈출을 시도한다. 예컨대 가라타니 고진은 '죽음충동'이라는 후기 프로이트의 개념 배후에 제1차 세계대전 속 전쟁 신경증 환자라는 역사적 발견을 상정한다(『네이션과 미학』). 이런 재해석을 통해 가라타니 고진은 네이션-스테이트 구조를 넘어선 정치적 실천(예컨대 일본의 헌법 9조[•] 에 대한 발언)의 거점을 획득한다. 한편 아즈마 히로키는 지금도 가라타니의 사유에 대해 "알기 쉬운 외부"를 상정하는 부정신학이라고 비판하지만, 만일 그가 『존재론적, 우편적』 시절의 테마에 머물러 있었다면 그 역시 동일한 혐의에서 자유롭지 않았을 것이다. 그의 초기 논의 역시 의사소통 환경에 사로잡힌 인간 조건의 한계와 그 너머의 우편적 공간이라는 "알기 쉬운 외부"를 대치시키는 구도로 읽히기 때문이다.

한편 아즈마 히로키의 현대 사상(그가 부정신학이라고 비판하는 관념의 체계)으로부터의 탈주, 혹은 철학자

•

일본의 재무장과 군대 보유를 금지하는 헌법 조항으로서 일본 내에서 해당 조항의 개정 여부 및 재해석 여부에 대한 논란이 일어나고 있다.

이성민의 표현을 빌리자면, "아즈마 히로키의 모험"• 은 전혀 다른 양상으로 전개된다. 예컨대 『존재론적, 우편적』 시절에 정립된 세계 인식과 비교하면 그의 이후 사상과 삶의 궤적을 '대안적인 의사소통의 조건을 확보하려는 주체적 의지'를 강조하는 방향성으로 읽어낼 수 있다. 이는 『일반의지 2.0』의 다음과 같은 구절에서도 뚜렷이 확인된다.

> "인터넷에서 사람은 타자와 만나지 않는다고 조잡하게 대충 파악하는 것은 별 의미가 없다. 중요한 것은 어떠한 유형의 네트워크일 때 사람이 틀어박히고, 반대로 어떤 유형일 때 타자와 만날 수

•
이성민, 『철학하는 날들』, 행성B, 2018

있는지 그 차이를 밝혀내는 것이다."•

그의 이러한 사고 전개를 조금 더 찬찬히 살펴보도록 하자.

잘 알려져 있듯이 『동물화하는 포스트모던』을 전후로 아즈마 히로키는 현대 사상의 아카데미즘에서 벗어나 서브컬처에 대한 본격적 비평을 전개한다. 이때 아즈마 히로키는 일찍이 '우편 공간'이라는 말로 표명한 세계 인식(의사소통 환경에 놓여 있지만 그 환경의 전모를 파악할 수 없는 의식의 한계)을 '포스트모던'이라는 시대상 아래 다시 불러 모은다. 여기서 포스트모던이란 문화적인 층위에서 볼 때 사회가 보편적으로 공유하는 "큰 이야기"가 붕괴하고 "작은 이야기"에 대한 다종다양한 소비가 전개되는 양상을 의미한다. 이때

•
아즈마 히로키, 『일반의지 2.0』, 안천 옮김, 현실문화, 2012, 116쪽

『동물화하는 포스트모던』에서 주된 분석 대상이 되는 오타쿠 집단은 이러한 포스트모던의 첨단에 있는 존재로 간주된다. 가령 그들은 확정된 이야기를 소비하는 것이 아니라 캐릭터의 조합을 통해 다층적으로 이야기를 소비한다. 그것이 바로 "데이터베이스적 소비"다.•

그렇다면 아즈마 히로키는 왜 하필 서브컬처로 눈을 돌렸던 것일까. 인터뷰에서도 그는 그러한 서브컬처 비평을 통해 모종의 "가치 전도"를 시도했다고 밝혔지만 그것만으로는 충분한 해명이 되지 않는다. 이미 여러 사람들이 지적한 사항이지만 '큰 이야기가 붕괴했다'는 포스트모던의 조건을 반드시 서브컬처의 문맥에서 읽어야 할 필연성은 없기 때문이다. 이러한 문제가 충분히 납득되지 않은 상황에서 아즈마 히로키를 읽는다면 그의 비평은 '모던 vs 포스트모던'의 단순 대립 속에서 읽힐 수밖에 없다. 만일 그러한 단순 대립에 기초한 가치

•
개인적으로 일본 애니메이션과 미소녀 게임의 애호가였던 필자 역시 이러한 비평을 보고 무릎을 쳤던 기억이 난다.

전도를 추구한 것이라면 그의 서브컬처 비평은 그저 "형식적 전도"(가라타니 고진)에 그쳤을 것이다. 한편 『게임적 리얼리즘』에서는 그의 진정한 관심사가 어디를 향하고 있는지에 대한 실마리가 주어진다.

"필자의 관심은 오타쿠라는 공동체나 세대 집단의 고찰에 있는 것이 아니라 그들의 삶을 통해 발견되는 포스트모던한 삶 전반에 대한 고찰에 있다. 그것은 이미 유행의 문제도 청년 문화의 문제도 아니다. 오히려 그 문제의식은 '동물화하는 포스트모던의 소비자가 그럼에도 인간적으로 살기 위해서는 어떻게 세계와 접하는 것이 좋은가 하는, 전작에서부터 이어져온 복잡하고 실존적인 문제와 깊은 관계가 있다."•

이것은 가령 '동물화하는 포스트모던'이라는 표제에 대해 '인간을 단순히 동물로 환원해도 좋은가'라는, (한때 필자 역시 동조했던) 즉물적 반발에 대한 저자의 직접적인

•

아즈마 히로키, 『게임적 리얼리즘의 탄생』, 장이지 옮김, 현실문화, 2012, 13쪽

해명이기도 하지만, 다른 한편으로는 이후의 저작에서도 이어질 실천적 주제의식에 대한 암시라 해도 좋다. 확실히 인간은 의사소통 환경에 놓여 있으며 멋대로 그것을 초월할 수 없다. 하지만 그럼에도 더 나은 의사소통의 조건을 확보하기 위한 주체적 노력에 대해 아즈마 히로키는 이때부터 경의를 표하고 있었던 것은 아닐까. 실제로 그는 게임·만화·애니메이션을 비롯한 각종 미디어 환경에 놓인 현대 소비자들의 "메타-이야기적 경험을 이야기로서 그리는•" 라이트노벨이나 미소녀 게임에서의 역설적인 문학적 시도에 주목하며, 이를 '게임적 리얼리즘'이라는 범주로 묶는 문예비평을 시도했다. 만일 그가 오타쿠 서브컬처에서의 "데이터베이스적 소비"를 무제한적으로 긍정하는 입장이었다면, 그 안에서 "새로운 문학적 가능성"을 의식적으로 재확인하려는 문예비평을 처음부터 시도하지 않았을 것이다.

•
앞의 책, 129쪽

탈정치적 실천 전략

이처럼 아즈마 히로키가 포스트모던이라는 조건을 굳이 문학적=주체적 형식으로 파악하려 했던 것은 그가 포스트모던이라는 시대적 조건을 긍정하면서도 나름의 방식으로 그러한 시대의 한계 또한 극복하려 했던 의식적 노력의 산물로 읽을 수 있다. 이 같은 문예비평적 개입은 이후 포기된 것으로 보이지만, 그러한 시도는 이후 '의사소통의 조건을 어떻게 확보할 것인가', 혹은 '우리는 어떻게 네트워크 속에서 타자와 동기화될 수 있는가' 하는 고유한 문제의식으로 이어진다. 이렇게 보면 2010년대 이후 서브컬처 비평을 그만두게 된 경위에 대한 그의 설명을 새로운 사상적 전회라기보다는 오히려 근원적 문제의식으로의 복귀로 읽을 수 있다.

> "참신한 서브컬처의 발견은 새로운 세대만이 할 수 있는 작업으로, 나는 연령 면에서도 그런 작업을 하기

어려워지고 있다. 앞으로 내가 해야 할 일은 가치 전도가 아니라 오히려 가치 설정이라고 생각한다."

예를 더 들어보자. 앞서 본 『일반의지 2.0』에서 아즈마 히로키는 SNS나 인터넷 커뮤니티가 "섬-우주"로 변하고 있는 사태를 우려한다. 이에 그는 성향이 서로 다른 사이트 간의 링크를 의무화할 것을 제안한 미국의 법학자 카스 선스타인의 제안에 주목한다. 또한 그는 자신의 '인생론'을 내놓은 책 『약한 연결』에서 젊은이들에게 '검색어'를 바꾸기 위한 '여행'을 떠날 것을 제안하기도 한다. 이것은 다시 말해, 익숙한 의사소통의 폐쇄 회로에 안주하지 말고 새로운 의사소통의 환경을 자발적으로 확보하라는 권유이기도 하다. 또한 그는 원전 사고 지역인 후쿠시마를 관광지화하자는 도발적인 제안을 내놓기도 한다. 이때 아즈마 히로키는 원전 문제에 대한 이런저런 찬반대립 이전에 원전 사고 자체가 기억 속에서 잊히는

사태를 안타까워하고 있다. 『약한 연결』에서 그는 다음과 같이 해명하고 있다.•

> "관광객은 무책임하다. 그러나 무책임하기 때문에 할 수 있는 것이 있다. 무책임하지 않으면 확산되지 않는 정보가 있다. (…) 나는 원전 사고의 기억을 후대에 전하기 위해서라도 이러한 '경박함'과 '무책임함'이 필요하다고 생각한다. 후쿠시마의 문제는 심각하다. 그래서 문제 해결을 위해 진지하게 실천하자고 하면 모두 겁먹고 만다. 재해 지역에도 가지 않게 된다. 모두 잊고 만다."

한편 이러한 발언은 『일반의지 2.0』 이래로 표명되어 온 아즈마 히로키 특유의 공공성에 대한 이해를 웅변적으로 나타내고 있다. 한국에서도 탈원전 기조를 공약한 문재인

•

『약한 연결』, 30쪽

정부가 들어선 이후 탈원전에 대한 찬반 논란이 격화된 바 있다. 이때 우리는 보통 공적인 참여를 원전 문제에 대한 격렬한 찬반양론 중 하나에 서는 것으로 생각한다.

하지만 아즈마 히로키가 철학자로서 추구하는 공공성은 다르다. 그에게 공적인 문제는 '원전 사고에 대한 기억이 사라지고 있다'는 보다 근본적인 차원에 있다. 이것은 『일반의지 2.0』에서 명시된 바 있는 다음과 같은 문제의식과도 일맥상통한다.

> "일본이 당면하고 있는 정치적 과제는 (…) 별로 정치의식이 없는 사람들, 평범한 일반 시민들이 부담 없이 정치적인 발언을 할 수 있는 회로를 다시 만드는 것이다."

즉, 그가 고민하는 문제는 어떤 정치적 입장을 취할 것이냐가 아니라, 일상적인 정치적 의사표명의 공간(=회로) 자체를 어떻게 복원할 것이냐는 문제다.* '당파적으로 점유되기 이전의 공간, 언어, 환경, 기억 따위를 공공의 영역으로서 복원한다'는 그의 특유의 접근 방식을 여기서는 잠정적으로 '탈정치적 실천 전략'이라고 이름 붙일 수 있다.

실제로 아즈마 히로키는 철학자가 공공성을 지향하는 것과 당파성을 지향하는 것은 구분되어야 한다고 단언한다.

> "좌우 양극 어디도 아닌 지점, 아군도 적군도 아닌 지점. 이는 소크라테스가 서 있었던 지점이라고 본다. 그리고 2010년대 후반의 세계를 보면 그런 입장에서

*

사실 이러한 문제의식은 같은 시민적 규범, 의사소통의 규칙, 민주주의에 대한 이해를 공유하지 않은 넷상의 혐오주의자(일베)에게 어떻게 접근할 것이냐는 문제에 접근하려 시도한 필자의 졸저 『일베의 사상』에서도 많은 참고가 되었다.

바라보고 실천하는 것이 더욱 중요해지고 있음을 실감한다. 이 시대만큼 철학이나 비평이 절실한 적은 없었을지도 모른다. 그런데 안타깝게도 많은 사람들은 철학이나 비평이 어느 한쪽에 서는 거라고 여긴다. 그 생각부터 바꾸어 가는 활동을 해가고 싶다."

참고로 아즈마 히로키의 이 같은 발상에 일찍부터 주목한 철학자 이성민은 그가 (정치 이전의) 문화적인 레벨에서 용감한 시도를 감행하고 있다는 의미에서, 그의 일련의 제안을 "문화적인 모험"이라고 부르며 특별한 가치를 부여한다.•

•
자세한 내용은 본문의 범위를 벗어나므로, 이성민의 『철학하는 날들』을 참고할 것.

만남이 이어지길 바라며

일본의 정치적 문맥과 서브컬처의 문맥 양자를 공유하지 않는 한국인 독자가 아즈마 히로키의 탈정치적인 실천 전략을 이해하기란 쉽지 않다. 그의 사상에 대해 이런저런 명제 차원의 동의 여부를 떠나서 말이다. 한국의 경우 얼마 전 대규모 촛불 시위를 통해 대통령을 탄핵하는 등 사회를 가로지르는 거대한 대립을 통과했다. 그리고 젊은 세대도 시위나 SNS를 통한 정치적 의사 표현 방식에 익숙하다. 한국인은 오래전부터 국민주권이라는 이념에 예민하게 반응했다. 이것은 현재 한국과 일본 사이에서 호환되지 않는 정치적 조건이다.

하지만 촛불 이후의 민주주의를 고민할 때 우리 역시 아즈마 히로키의 실천적 문제의식과 반드시 만나는 지점이 있으리라 본다. 한때는 '민주주의'라는 것에 우리가 같은 이미지를 떠올리던 시절이 있었지만, 앞으로는 그러한 이미지조차 공유되지 않는 상황

속에서 갈등을 어떻게 조율해갈 것이냐는 문제가 반드시 첨예하게 떠오를 것이다. 사실 '민주주의'나 '주권재민'과 같은 거대 이념으로 조율될 수 없는 새로운 유형의 갈등(대표적인 것이 젊은 세대 내의 성별 갈등)은 이미 수면 위로 떠올랐다. 하지만 이러한 문제에 기존 정치제도, 언론, 대학은 적절한 대응을 하지 못하고 있다. 이때 우리는 '어떻게 타자와의 의사소통의 조건을 확보할 것인가'라는 아즈마 히로키의 실천적 문제의식과 직면하지 않을 수 없다.

한국에서도 인문학은 새롭게 도래하는 사회상을 제대로 진단하지 못하고 있다. 이에 따라 '인문학의 위기' 진단을 넘어선 '대학의 위기'라는 진단마저 나오고 있다. 일본은 아마 이러한 위기의식을 우리보다 더 오래전에 경유했으리라 본다. 그런 의미에서 '겐론 출판사'나 '겐론 스쿨' 등 아카데미즘 바깥에서 독자와의 만남을 추구하고 인문학의 효용 범위를 넓히려는 아즈마 히로키의 실험적 실천은 주목할 만하다. 그의 말대로 "깜짝 놀랄 만한 사람이 나타났으면 좋겠다는 생각을 하는 사람은 많다.

하지만 독자를 창출하는 실천의 중요성을 이해하고 있는 사람은 별로 없다. 이것이 인문학의 쇠퇴 이유"일지도 모른다. 사실은 한국에서도 비슷한 문제의식 아래 여러 가지 실험이 이어졌지만 아카데미즘 바깥에서 철학적 비평에 공명할 수 있는 독자층의 외연을 넓힌다는 목표에는 아직 충분히 도달하지 못했다. 이러한 실험의 지속이 아무쪼록 한일 양국 사이에서 보다 의미 있는 만남으로 이어지길 기대한다.

박가분

경제학 석사이며 프리랜서 작가다. 첫 저작은 『부르주아를 위한 인문학은 없다』(2010)이며, 이 외에도 『포비아 페미니즘』(2017) 『혐오의 미러링』(2016) 『가라타니 고진이라는 고유명』(2014) 『일베의 사상』(2013)을 썼다. 2014년에는 「변신하는 리바이어던과 감정의 정치」로 《창작과 비평》 사회인문평론상을 수상했으며, 이는 2016년 일본 《겐론》지에 번역됐다. 현재 네이버 블로그 '밝은서재'(2006년 개설)를 운영 중이며, 각종 시사 문제와 인문학, 경제학 관심 분야에 대한 글을 올리고 있다. paxwonik@naver.com

철학의 태도

초판 1쇄 인쇄 2020년 2월 21일
초판 1쇄 발행 2020년 2월 28일

지은이 아즈마 히로키, 안천
옮긴이 안천
해제 박가분

펴낸이 윤동희

편집 김민채, 황유정
디자인 진다솜
제작처 교보피앤비

펴낸곳 (주)북노마드
출판등록 2011년 12월 28일 제406-2011-00152호

주소 08012 서울특별시 양천구 목동서로 280 1층 102호

전화 02-322-3905
전자우편 booknomad@naver.com
인스타그램 @booknomadbooks

ISBN 979-11-86561-66-9 03100

이 도서의 국립중앙도서관 출판예정도서목록(CIP)은
서지정보유통지원시스템홈페이지(http://www.nl.go.kr)와
국가자료공동목록시스템(http://www.nl.go.kr/ kolisnet)에서 이용할 수
있습니다.(CIP 제어번호: CIP2020000195)

북노마드